大切なことは すべて中学英語が 教えてくれる

英単語 編

BASIC 1000

成重 寿／入江 泉
Narishige Hisashi　Irie Izumi

Jリサーチ出版

はじめに

● 日常会話は中学英単語でできる

　中学の3年間で学ぶ英単語は英語力の基礎になります。

　たとえば、朝のあいさつの Good morning.（おはよう）、久しぶりに会った知人に How are you doing?（いかがお過ごしですか）、街で道を聞かれて Turn left at the next corner.（次の角で左に曲がってください）、がんばった人に Good job!（よくやったね）。

　これらは生活のなかで頻繁に使う表現ですね。そう、ここで使われている単語はすべてが中学英単語です。

　「中学時代の教科書を何度も読んで、英会話ができるようになった」という話を耳にすることがありますが、これは嘘でも誇張でもありません。中学英単語は英語の一番の基礎になるため、それらを使いこなすだけで実にたくさんのことを表現できるのです。

　本書はそんな中学英単語を1000語収録しています。中学校英語検定教科書（全6社）を独自に分析し、出現が多い単語・熟語から選出しました。

● 大切なのは使いこなすこと

　中学英単語は知っているだけではあまり意味がありません。使いこなすことができてはじめて役に立つようになるのです。

　そこで、**本書では単に単語を羅列した単語集から一歩進めて、「使いこなす」ことに焦点を当てるようにしました。**

　1つの単語を知ったら、それをどういうふうに使っていくのか。本書では、「英単語」を確認したら、「使いこなすヒント」を読んで、「会話フレーズ」に発展するようなスタイルをとっています。

> ①英単語(発音・意味) ▶ ②使いこなすヒント ▶ ③会話フレーズ

　ですから、「そんな単語もう知っているよ」というものであっても、会話フレーズで身につけることで、生活に直結する運用力に発展できるのです。
　CDには「見出し語」「意味」「会話フレーズ」が収録されているので、音を確認して、自分でも声に出して言ってみましょう。単語を身体に染みこませるように覚えれば、必要とされる場面で自然に口をついて出るようになります。
　会話フレーズは、日本語にも堪能なJoel Rianさんの指導を受け、ネイティブスピーカーが日常的に使う自然な文に仕上げています。

● 単語グループですっきり覚えよう

　本書は単語の配列にもこだわりました。ランダムな配列やアルファベット順を避けて、意味・機能・場面などでグループ化してまとめています。**一群の単語をイメージでまとめて学べるので、すっきりと整理した形で覚えることができるでしょう。**

　英語ビギナーの方、英語を苦手としている方、もう一度中学英語を系統的に復習したい方、そして日常会話の基礎を身につけたい方にも、お役に立つ内容になっていると思います。
　本書を上手に活用して、ぜひ英語というすばらしい世界の扉を開いてください。

　　　　　　　　　　　　　　　　　　　　　　　　　　著者

CONTENTS

はじめに ……………………………………………… 2
3つのステップで中学英単語を使いこなそう ……… 8
本書の利用法 ………………………………………… 10

第1章 中学動詞 156語 …………… 13
ポイント 動詞は英文の主役 …………… 14

1 基本動詞① be 動詞 ……………………… 16
2 基本動詞② do・have・make …………… 18
3 基本動詞③ get・give・take ……………… 20
4 日常の動作 ………………………………… 22
5 移動する …………………………………… 30
6 五感を使う ………………………………… 32
7 考える ……………………………………… 34
8 生活する …………………………………… 36
9 楽しむ ……………………………………… 38
10 話す・コミュニケーションをとる ……… 40
11 変化する …………………………………… 44
12 仕事をする ………………………………… 46
13 学習する …………………………………… 50

Column とっておき中学英単語① **try** …………… 52

第2章 中学形容詞 127語 ······ 53
ポイント 限定用法と叙述用法 ······ 54

1. 感情・感覚を表す ······ 56
2. 人を形容する ······ 60
3. かたちを表す ······ 64
4. 時間を表す ······ 66
5. 様態を表す ······ 68
6. 仕事・学習で使う ······ 72
7. 天気を表す ······ 78
8. 数量を表す ······ 80
9. 指示形容詞・疑問形容詞 ······ 84

Column とっておき中学英単語② afraid ······ 86

第3章 中学副詞 84語 ······ 87
ポイント 副詞は位置に注意 ······ 88

1. 空間を表す ······ 90
2. 時間を表す ······ 94
3. 状況を表す ······ 100
4. 限定する ······ 102
5. 疑問・肯定・否定 ······ 104
6. 強調・比較・つなぎ・ていねい ······ 106

Column とっておき中学英単語③ just ······ 110

第4章 中学名詞 424語 ・・・・・・ 111
ポイント 名詞は話題をつくる ・・・・・・ 112

1 家・家族 ・・・・・・ 114
2 人・職業 ・・・・・・ 120
3 からだ・衣類 ・・・・・・ 126
4 食べ物・飲み物 ・・・・・・ 130
5 学校・学習 ・・・・・・ 134
6 会社・仕事 ・・・・・・ 138
7 社交 ・・・・・・ 142
8 時間 ・・・・・・ 146
9 スポーツ・娯楽 ・・・・・・ 150
10 旅行・乗り物 ・・・・・・ 156
11 身の回り品 ・・・・・・ 162
12 自然 ・・・・・・ 164
13 動物 ・・・・・・ 168
14 生活・世界 ・・・・・・ 170

Column とっておき中学英単語④ **day** ・・・・・・ 174

第5章 中学機能語 76語 ・・・・・・ 175

ポイント 前置詞は名詞を従える ・・・・・・ 176
接続詞は仲介役 ・・・・・・ 177
代名詞は名詞の代役 ・・・・・・ 178
助動詞は動詞プラスα ・・・・・・ 179

1 前置詞 ・・・・・・ 180
2 接続詞 ・・・・・・ 190
3 代名詞 ・・・・・・ 194
4 助動詞 ・・・・・・ 198
5 間投詞 ・・・・・・ 202

Column とっておき中学英単語⑤ one ・・・・・・ 204

第6章 中学熟語・会話表現 149語 ・・・ 205

ポイント 熟語って何？ ・・・・・・ 206

1 句動詞 ・・・・・・ 208
2 be + 形容詞 ～ ・・・・・・ 214
3 前置詞や副詞の働き ・・・・・・ 216
4 to 不定詞 ・・・・・・ 220
5 基本表現 ・・・・・・ 222
6 会話表現① たずねる ・・・・・・ 226
7 会話表現② 相づち・応答 ・・・・・・ 230
8 会話表現③ あいさつ ・・・・・・ 232

INDEX ・・・・・・ 234

3つのステップで中学英単語を使いこなそう

中学英単語は生活に仕事に大活躍します。でも、知っているだけでは不十分で、使うことができなければなりません。ここでは**中学英単語を使いこなすための3つの学習ステップ**を紹介します。

Step 1　品詞の用法をおさらいする

　本書では中学英単語を品詞別に収録しています。それぞれの品詞の用法をもう一度おさらいしておきましょう。

　例えば、動詞には「自動詞」と「他動詞」があり、動詞の種類によって、目的語の有無や文型の形が決まってきます。

　形容詞には「限定用法」と「叙述用法」があります。限定用法は名詞を修飾し、叙述用法は主語(または目的語)を説明する役割を果たします。

　名詞には「数えられる名詞」と「数えられない名詞」があります。数えられる名詞は不定冠詞(a, an)を付けたり複数形にしますが、数えられない名詞はいつも同じ形です。

　このように、**主要な品詞についてその用法をアタマに入れて、使いこなすための基盤を固めましょう。**

Step 2 会話フレーズに乗せて覚えよう

本書の中学英単語は次のようなスタイルで収録されています(一部リスト化した名詞を除く)。

①英単語(発音・意味)	②使いこなすヒント	③会話フレーズ
☐ **glad** [glǽd] (人が)うれしい;よろこんで	I'm glad to do、I'm glad that ~で覚えよう。	I'm **glad** to see you again. またお目にかかれてうれしいです。

まず、見出し語を見て、発音と意味を確認したら、「使いこなすヒント」で活用法を知っておきましょう。そして、右ページにある「会話フレーズ」を覚えましょう。

会話フレーズは、定型表現をはじめ、会話で応用が利くものばかりです。中学英単語を会話フレーズに乗せて覚えておけば、さまざまな場面で使えるようになります。

Step 3 スポーツ感覚で何度も口に出そう

会話フレーズは何度も口に出して言ってみましょう。

最初は上手に発音できなくても大丈夫です。CDには単語と例文が両方収録されているので、正しいネイティブスピーカーの発音を確認しながら、自分で何度も言ってみましょう。だんだんと英語らしい発音に近づいていくはずです。

英語は「勉強」というよりも、むしろ「スポーツ」だと思って練習するといいでしょう。テニスでもゴルフでもダンスでも同じ動作(フォーム)を何度も繰り返して練習しますね。それと同じです。**同じ単語やフレーズを何度も口に出して、耳で聞いて練習することで、中学英単語ははじめて本当の意味で自分のものとなり、使いこなせるようになるのです。**

本書の利用法

本書は中学英単語1000語を復習して、使いこなせるようにするための1冊です。「動詞」「形容詞」「副詞」「名詞」「機能語」「熟語・会話表現」の6章に分類して収録されています。

中学英単語のポイントのページ

各章のはじめに、それぞれの品詞についておさらい学習をするコーナーを設けました。動詞なら、他動詞と自動詞の用法、形容詞なら限定用法と叙述用法の違いなどをわかりやすく紹介します。

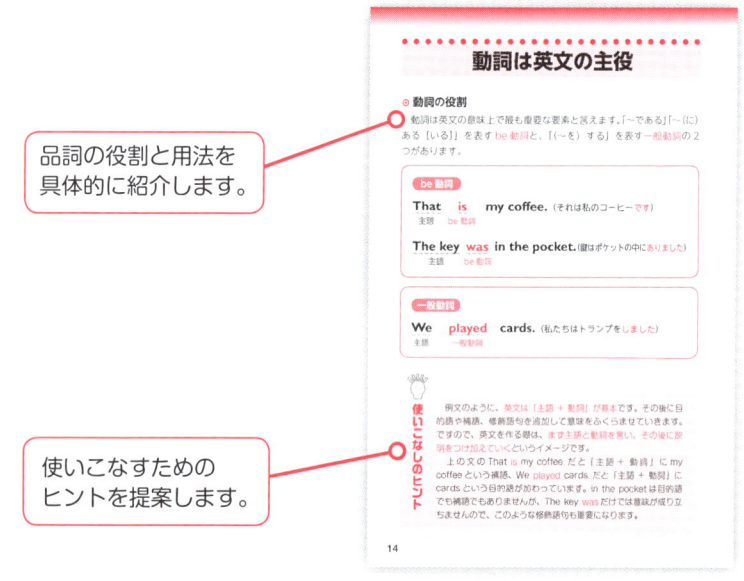

品詞の役割と用法を具体的に紹介します。

使いこなすためのヒントを提案します。

単語集のページ

タイトル 各章は、単語の種類・使用場面によって小グループに分類されています。共通のイメージで覚えましょう。

使いこなすヒント 各単語の押さえておきたいポイントを紹介します。コアイメージ、会話での用法、使用上の注意点、類義語・反意語など。

会話のカギ 中学単語を日常会話に生かすヒントを紹介します。

1 感情・感覚を表す 20語

会話のカギ 感情・感覚を伝えるには〈be動詞＋形容詞〉の形が基本です。〈feel＋形容詞〉も使えます。「～になる」という感情の変化を表すときには〈get＋形容詞〉を使います。

ポジティブな感情 CD-1│20

		▼ 使いこなすヒント	▼ 英会話フレーズ
□ **glad** [glæd]	(人が) うれしい；喜んで	I'm glad to. I'm glad that ～で覚えよう。	● I'm **glad** to see you again. また お目にかかれてうれしいです。
□ **happy** [hǽpi]	幸せな；うれしい；楽しい	I'd be happy to は依頼法の表現で、断るときのクッションになる。	● I'd be **happy** to, but I have other plans. お受けできればいいのですが、先約がありまして。
□ **nice** [náis]	よい；すてきな；すばらしい	Have a nice day! (良い一日を!)、Have a nice trip! (よいご旅行を!)。	● Have a **nice** holiday season! すてきなホリデーシーズンを!
□ **sure** [ʃúər]	確かな；確信している	Are you sure? (本当かい?) は使ませ文型。	● Are you **sure** of it? それは確かなのですか。
□ **wonderful** [wʌ́ndərfəl]	すばらしい；すてきな	類義の great, terrific, fantastic, super などを会話でよく使う。	● We had a **wonderful** time in Hawaii. 私たちはハワイではすばらしい時を過ごしました。
□ **favorite** [féivərət]	お気に入りの；大好きな	「お気に入りの」と言いたいときに。	● Chanel is my **favorite** brand. シャネルは私のお気に入りのブランドです。
□ **free** [frí:]	自由な；解放された；時間がある	会話では「時間が空いている」の意味でよく使う。「無料の」の意味もある。	● I'm **free** this weekend. 今週末は時間があります。

ネガティブな感情 CD-1│21

□ **sad** [sǽd]	悲しい	類義の unhappy (不幸な)、depressed (落ち込んだ) などもよく使う。	● Today is a **sad** day for everybody. 今日はだれにとっても悲しい一日です。
□ **sorry** [sɔ́ri]	申し訳なく思って；残念に思って	I'm sorry to、I'm sorry that ～を使えるように。	● I'm **sorry** to hear that. それを聞いて残念です。
□ **afraid** [əfréid]	こわがって；恐れて	be afraid of ～で「～をこわがって」。	● I'm **afraid** of lightning and thunder. 私は雷がこわい。

見出し語 全部で1000語超あります。発音記号と意味を表示します。

CDトラック CD (2枚) のトラック番号を示します。

例文 見出し語を組み込んだフレーズとその訳です。会話の定型表現やよく使う基本フレーズで構成されています。単語を入れ替えれば、さまざまな場面で応用することができます。

CDの使い方

CDには「見出し語」「意味」「例文」が収録されています。見出し語の発音と意味を確認して、例文を聞いてみましょう。例文を聞いたら、それを真似て自分でも言ってみましょう。

*「名詞」の一部には例文のない単語があります。例文のない単語はリスト化されていて、見出し語と意味のみが収録されています。
*単語の「意味」が複数ある場合は重要なものを選んで収録してあります。

インデックス

巻末には見出し語をすべて収録したインデックス（索引）があります。単語を検索したり、覚えたかどうかを確認したりするのに利用してください。

用語について

本書で使われる用語・略字で重要なものは下記です。

自 自動詞
他 他動詞
⇔ 反意語
S (Subject)　主語
V (Verb)　動詞
O (Object)　目的語
C (Complement)　補語

第1章

中学動詞

156語

動詞は文の主役です。特に中学で学ぶ動詞は、日常会話でも大活躍します。覚えるだけでなく、使いこなすことを目標に練習しましょう。まず、基本動詞からスタートしましょう。

CD-1 | 2 ～ CD-1 | 19

動詞は英文の主役

◉ 動詞の役割

　動詞は英文の意味上で最も重要な要素と言えます。「～である」「～(に)ある［いる］」を表すbe動詞と、「(～を) する」を表す一般動詞の2つがあります。

---

be 動詞

That **is** my coffee. (それは私のコーヒーです)
主語　be動詞

The key was in the pocket. (鍵はポケットの中にありました)
主語　be動詞

一般動詞

We **played** cards. (私たちはトランプをしました)
主語　一般動詞

使いこなしのヒント

　例文のように、英文は「主語 + 動詞」が基本です。その後に目的語や補語、修飾語句を追加して意味をふくらませていきます。ですので、英文を作る際は、まず主語と動詞を言い、その後に説明をつけ加えていくというイメージです。

　上の文の That is my coffee. だと「主語 + 動詞」に my coffee という補語、We played cards. だと「主語 + 動詞」に cards という目的語が加わっています。in the pocket は目的語でも補語でもありませんが、The key was だけでは意味が成り立ちませんので、このような修飾語句も重要になります。

⊙ 動詞の種類

動詞には、自動詞と他動詞があります。後に目的語を必要としない動詞が自動詞、後に目的語を必要とする動詞が他動詞です。目的語とは、「〜を［に］」に当たる部分です。

自動詞

I　run　every day.（私は毎日走ります）
主語　自動詞　　修飾語句

※自動詞の後には補語（形容詞や分詞）がくることもあります。

She　looks　nervous.（彼女は緊張しているように見えます）
主語　　自動詞　　　補語

他動詞

I　have　two cats.（私は猫を2匹飼っています）
主語　他動詞　目的語（〜を）

※後に目的語が2つくることもあります。

I　sent　her　an e-mail.（私は彼女にメールを送りました）
主語　他動詞　目的語（〜に）　目的語（〜を）

※目的語と補語がくることもあります。

Too much cake made me sick.（ケーキの食べ過ぎが気分を悪くしました）
　　主語　　　他動詞　目的語　補語

その他、動詞には playing のような〜ing 形（動名詞・現在分詞）や、played のような -ed のついた形（過去形・過去分詞）があり、必要に応じて形が変化します。

1 基本動詞① be 動詞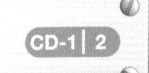

□ **be** [bíː] (am, is, are)　〜である；〜（に）ある［いる］

❶ be 動詞の形は主語によって決まります。次の肯定文（現在）の表で確認してみましょう。

主　語	主語 + be 動詞
I「私は」	I am
We「私たちは」 You「あなた（たち）は」	We are You are
He「彼は」　　She「彼女は」 This「これは」　That「あれは」	He [She] is This [That] is
They「彼（女）らは、それらは」	They are

❷ be 動詞は主語や not と合わさって短縮形を作ります（例：I am → I'm、is not → isn't）。会話では通常、短縮形を使います。

- **I'm** in a hurry.
  急いでいます。

- **You're** bored, aren't you?
  退屈なんでしょう？

- The food **is** on the way.
  食事はもうすぐ来ます。

- **We're** here on business.
  私たちは仕事でここに来ています。

- **He's** not a singer.
  彼は歌手ではありません。

- Where **am** I?
  ここはどこ？

- How **are** you today?
  今日はご機嫌いかが？

❸ 過去の文をつくるには、be 動詞を過去形にするだけです。

現在形	過去形
am / is	was
are	were

- I **was** in Osaka last weekend.
  先週末は大阪にいました。
- We **were** really interested in it.
  私たちはそれにとても興味がありました。
- My husband **was**n't at home then.
  夫はそのとき家にいませんでした。
- **Was** the weather good?
  天気はよかったですか。
- Where **were** your gloves?
  手袋はどこにあったのですか。

❹ be 動詞の原形は be です。助動詞や be going to の後、to 不定詞など動詞の原形を使うときは be を用います。

- I hope it will **be** sunny.
  晴れるといいな。
- It should **be** fun.
  それは楽しいでしょうね。
- It's going to **be** our last order.
  それが最後の注文になります。
- His son's dream is to **be** an actor.
  彼の息子の夢は俳優になることです。

2 基本動詞② do, have, make 3語 CD-1│3

□ do [dúː]

❶ do の基本的な意味は「(行動や仕事などを) する；行う」です。

○ There are many things to **do** this weekend.
今週末はすることがたくさんあります。

○ I usually **do** the laundry in the morning.
洗濯はたいてい午前中にします。

❷ 現在完了では「～を終える」という意味にもなります。

○ I have **done** the work.
私はその仕事を終えました。

□ have [hǽv]

❶ have は「所有」のイメージです。「持っている；～がある」が基本です。

○ How many DVDs do you **have**?
DVDは何枚持っていますか。

○ This building **has** an elevator.
この建物にはエレベーターがあります。

❷ 「(動物を) 飼っている」「(心に) いだく」など、すべて「所有」の延長です。

○ I **have** two toy poodles.
私はトイプードルを2匹飼っています。

○ I **have** a good idea.
私によい考えがあります。

❸ 「所有」では進行形になりませんが、「食べる；飲む」「経験する」などの意味では進行形になります。

- They're **having** dinner now.
  彼らは今、夕食をとっています。

- I'm **having** a good time in Hokkaido.
  北海道で楽しい時を過ごしています。

☐ make [méik]

❶ make の基本的な意味は「変化」です。目的語にくる対象物を「(変化させて新しい物を) 作る」というイメージです。

- They **make** robots.
  彼らはロボットを作ります。

- My grandmother **made** me a dress.
  祖母は私にドレスを作ってくれました。

❷ SVOC「O を C にする」の形でも使われます。

- The news **made** me sad.
  その知らせは私を悲しませました。
  ※「その知らせは私の気持ちを悲しみに変化させた」→「悲しませた」

助動詞の do、have

* 次の2つの例文では、前者の do、did は疑問文・否定文を作る助動詞、後者 (赤字) の do が一般動詞です。

- What do you usually **do** on weekends?
  週末はたいてい何をしますか。

- He did not **do** his homework.
  彼は宿題をしませんでした。

* 次の例文では、前者の have は現在完了を作る助動詞、後者 (赤字) の had が一般動詞 have の過去分詞です。

- I have **had** a stomachache since this morning.
  今朝から腹痛がします。

3 基本動詞❸ get, give, take 3語 CD-1|4

□ **get** [gét]
---

❶ get は「得る」という意味を軸に、「受け取る」「入手する」「買う」などの意味になります。

- Did you **get** the e-mail from Lisa?
  リサからメールを受け取りましたか。

❷ 場所であれば「(場所を) 得る＝到着する」、乗り物であれば「(乗り物を) 得る＝乗る」といったイメージです。

- What time did you **get** to the airport?
  何時に空港に着きましたか。

❸ SVC の形で「～になる」という意味もあります。

- Let's go home before it **gets** dark.
  暗くなる前に帰りましょう。

- I **got** tired from talking.
  しゃべり疲れました。

□ **give** [gív]
---

❶ give は、何かを自分のところから「出す」が基本の意味です。そこから「(無償で) 与える」「あげる」「送る」「渡す」「寄付する」「提供する」「(情報などを) 伝える」「(例を) 挙げる」などの意味に発展します。SVO (to ～) や SVOO の形でよく使います。

- I **gave** the kitten some milk.
  私はその子猫に牛乳を与えました。※「子猫に牛乳を出す」→「与える」

- I'll **give** you a ride.
  車で送ってあげるよ。※「あなたに車を出す」→「車に乗せてあげる」

☐ take [téik]

❶ take は give とは逆で、何かを自分のところに「取り入れる」が基本の意味です。そこから「(科目など)を履修する」「(授業や試験を)受ける」「(写真・ビデオ・コピー・記録など)をとる」「(ふろに)入る」「(品物を選んで)買う」などの意味に発展します。

○ I **take** an English lesson every Sunday.
毎週日曜日に英語のレッスンを受けています。
※「レッスンを取り入れる」→「レッスンを受ける」

❷ 乗り物を対象とするときは、「~を取り入れて移動する」とイメージすればよいでしょう。

○ You should **take** a bus.
バスに乗ったほうがいいですよ。
※「バスを取り入れて移動する」→「バスに乗っていく」

❸ SVOO の用法もあります。

○ It **took** me a week to recover from the flu.
インフルエンザから回復するのに 1 週間かかりました。
※「(時間を)取り入れる」→「(時間が)かかる」

---

take と bring

＊ take には「~を持って [連れて] いく」という意味もあります。特に、相手のいないところへ何かを「持って [連れて] いく」は bring ではなく take を用います。

〈状況：週末のピクニックについて、社内で〉
○ We have to **take** our own lunch.
お弁当持参です。

4 日常の動作

基本的な動作　CD-1 | 5　　▼ 使いこなすヒント

単語	意味	ヒント
hold [hóuld]	他 ～を持つ；～を握る；（催しなど）を開く	have は所有を表し、手に持っている状態は hold を使う。
catch [kǽtʃ]	他 ～をつかまえる；～を捕る	catch the train だと「電車をつかまえる→間に合う」という意味になる。
pass [pǽs]	他 ～を手渡す；～を取って回す；（試験などに）合格する	pass the exam で「試験に合格する」。
point [pɔ́int]	自 指さす　他 ～を指し示す；～を向ける	〈point at + 人〉で「～を指さす」。
pick [pík]	他 ～を摘む；～を選ぶ	pick up ～（～を[足元から]拾い上げる）と混同しないように。
put [pút]	他 ～を置く	put A on B で「A を B の上に置く」、put A in B だと「A を B の中に入れる」。
carry [kǽri]	他 ～を運ぶ	carry A to B「A を B へ運ぶ」の形でよく使う。
wrap [rǽp]	他 ～を巻く；～を包む	wrap A in B で「A を B に包む；くるむ」。
help [hélp]	他 ～を助ける；～を手伝う	名詞で「助け」という意味。
save [séiv]	他 ～を救う；～を助ける；（お金を）節約する	save one's life で「～の命を救う」。
find [fáind]	他 ～を見つける；～を探し出す	look for ～（～を探す）と使い分けよう。find は「探して見つける」の意味。

> **会話のカギ** 日常動作を表す動詞はよく使う語形に乗せて覚えておくと便利です。add A to B（A を B に加える）や wait for（〜を待つ）などのパターンです。

第1章 動詞

▼英会話フレーズ

- He is **holding** an umbrella in his hand.
  彼は手に傘を持っています。

- Did you **catch** any fish?
  魚は釣れましたか。

- Could you **pass** me the pepper?
  コショウを取ってもらえますか。

- Don't **point** at me with your finger.
  私を指ささないでください。

- Let's **pick** some flowers.
  花を摘みましょう。

- Where's the letter I **put** on the table?
  テーブルの上に置いた手紙はどこ？

- Could you **carry** these bags to my room, please?
  これらのかばんを部屋に運んでいただけますか。

- Can you **wrap** the glass in paper?
  コップを紙で包んでもらえませんか。

- This book **helped** me a lot.
  この本はかなり役立ちました。

- The girl's life was **saved** by a dog.
  その少女の命は犬に救われました。

- Did you **find** the key?
  鍵は見つかりましたか。

			▼ 使いこなすヒント
☐	**add** [ǽd]	他 〜を加える	add A to B で「A を B に加える」。
☐	**try** [trái]	他 〜を試す	try to 〜で「〜しようと試みる［努力する］」、try 〜ing で「試しに〜してみる」。
☐	**jump** [dʒʌ́mp]	自 飛ぶ；跳ねる	後にいろいろな前置詞がくる。jump over 〜だと「〜を飛び越える」。
☐	**wait** [wéit]	自 待つ	wait for 〜で「〜を待つ」。
☐	**stay** [stéi]	自 滞在する；とどまる	後に形容詞を置いて「(ある状態に)とどまる」という意味も。
☐	**keep** [kíːp]	他 〜を保つ；〜を維持する；〜を続ける；(後に形容詞を置いて) 〜に保つ	ＳＶＯＣの例：Let's keep the town clean.(町をきれいに保ちましょう)
☐	**choose** [tʃúːz]	他 〜を選ぶ	名詞は choice (選択)。

ペアの動作　CD-1｜6

☐	**open** [óupən]	他 〜を開く；〜を開ける 自 開く	形容詞もある。The shop is open until 5 o'clock.(その店は5時まで開いている)
☐	**close** [klóuz]	他 〜を閉める；〜を閉じる 自 閉まる	形容詞 closed との違いに注意。例：The shop is closed.(その店は閉まっている)
☐	**sit** [sít]	自 座る；座っている	sit down で「座る」動作を表す。p.212 を参照。
☐	**stand** [stǽnd]	自 立つ；立っている	stand up で「立ち上がる」動作を表す。p.212 を参照。

▼ 英会話フレーズ

- **Add** some salt to the soup.
  スープに塩を加えてください。

- I **tried** to call him, but he didn't answer the phone.
  彼に電話をしようとしましたが、彼は出ませんでした。

- The cat **jumped** down from the table.
  その猫はテーブルから飛び降りた。

- We have to **wait** for the next bus.
  私たちは次のバスを待たなければなりません。

- I'm going to **stay** at a hotel in New York.
  ニューヨークではホテルに滞在する予定です。

- Don't give up. **Keep** trying.
  あきらめないで。努力し続けなさい。

- It's difficult for me to **choose** one of them.
  その中から1つを選ぶのは私にとって難しい。

第1章 動詞

- What time do you **open**?
  (店員に向かって) 何時に開きますか。

- The shop **closes** at five on weekends.
  その店は週末は5時に閉まります。

- Can I **sit** here?
  ここに座ってもいいですか。

- He was tired from **standing** all day.
  彼は一日中立っていて疲れていた。

▼ 使いこなすヒント

	単語	意味	使いこなすヒント
☐	**win** [wín]	自 勝つ　他 ～に勝つ	文意によって「1位になる；優勝する」の意味にも。
☐	**lose** [lúːz]	他 ～に負ける；～を失う；～をなくす	lose one's life だと「命を失う；死ぬ」。
☐	**borrow** [bárou]	他 ～を借りる	移動できるものを無料で借りるときに用いる。
☐	**lend** [lénd]	他 ～を貸す	lend A B / lend B to A で「A(人)にB(金・物)を貸す」。
☐	**buy** [bái]	他 ～を買う	buy A B / buy B for A で「A に B を買ってやる」。
☐	**sell** [sél]	他 ～を売る	自動詞で「売れる」の意味も。
☐	**remember** [rimémbər]	他 ～を覚えている；～を思い出す	that 節を伴うこともできる。普通、進行形にならない。
☐	**forget** [fərgét]	他 ～を忘れる	forget to ～で「忘れずに～する」、forget ～ing で「～したことを忘れる」。
☐	**live** [lív]	自 住む；生きている	短期間で「住んでいる」と言うときは進行形も使える。
☐	**die** [dái]	自 死ぬ	形容詞は dead(死んだ)、名詞は death(死)。

▼ 英会話フレーズ

- He **won** a speech contest.
  彼はスピーチコンテストで1位になりました。

- We **lost** the game.
  私たちはその試合に負けました。

- Can I **borrow** your stapler?
  ホチキスを借りてもいいですか。

- Can you **lend** me some money?
  お金を貸してもらえませんか。

- I've lost the ring my husband **bought** me.
  夫が買ってくれた指輪をなくしました。

- They're **selling** imported cars.
  彼らは輸入車を売っています。

- I don't **remember** his name.
  彼の名前を覚えていません。

- Don't **forget** to lock the door.
  ドアに鍵をかけるのを忘れないでね。

- I **lived** in Kyoto when I was at university.
  大学生のとき京都に住んでいました。

- Many people **died** in the plane crash.
  その飛行機の墜落事故で多くの人が亡くなりました。

ネガティブな動作 CD-1 | 7

▼ 使いこなすヒント

☐	**break** [bréik]	他 〜を壊す；〜を割る；〜を破る	目的語によって意味が多様に。「(骨を)折る」の意味も。
☐	**burn** [bə́ːrn]	自 燃える；焦げる 他 〜を燃やす；〜を焼く	名詞で「やけど」の意味も。
☐	**cut** [kʌ́t]	他 〜を切る	名詞で「切り傷」の意味も。
☐	**hit** [hít]	他 〜をたたく；〜をぶつける；〜に当たる；〜を打つ	「〜の頭をたたく[殴る]」は hit 〜 on the head。
☐	**hurt** [hə́ːrt]	他 〜を傷つける；〜にけがをさせる	受け身でよく使う。自動詞で「痛む」の意味も。例：My leg hurts.（脚が痛い）
☐	**disappear** [dìsəpíər]	自 いなくなる；存在しなくなる；消滅する	視界からなくなるイメージ。⇔ appear (現れる)
☐	**kill** [kíl]	他 〜を殺す	受け身でもよく使う。事故のときなど。
☐	**refuse** [rifjúːz]	他 〜を断る；〜を拒絶する；〜を拒否する	⇔ accept (〜を受け入れる)

Let's cut the cake into eight pieces.

▼ 英会話フレーズ

- Who **broke** the window?
  窓を割ったのは誰？

- The boy was saved from the **burning** house.
  その少年は燃えている家から救助されました。

- Let's **cut** the cake into eight pieces.
  ケーキを8つに切りましょう。

- I **hit** my head on the wall.
  壁に頭をぶつけました。

- Fortunately, no one was **hurt**.
  幸いにも、誰も負傷しなかった。

- The sun **disappeared** behind the mountain.
  山の向こうに太陽が沈みました。

- Many people were **killed** in the accident.
  その事故で多くの人が亡くなった。

- I can't believe he **refused** her proposal.
  彼が彼女の提案を拒否したとは信じられません。

5 移動する 11語

CD-1 | 8　　　　　　　　　　　　▼ 使いこなすヒント

| □ **go** [góu] | 自 行く | go to ~ で「~へ行く」。 |

| □ **come** [kʌ́m] | 自 来る；（相手の所に）行く | 相手に向かうときは come を使う。 |

| □ **leave** [líːv] | 自 離れる；去る
他 ~を離れる；~を去る；~を置き忘れる | leave ~ at home で「家に~を置き忘れる」。 |

| □ **arrive** [əráiv] | 自 着く；到着する | get to ~ と違い、「~に」には前置詞 in, at, on が必要。 |

| □ **travel** [trǽvəl] | 自 旅行する | 単に「（乗り物で）移動する」の意味も。 |

| □ **move** [múːv] | 他 ~を動かす；（人を）感動させる
自 動く；引っ越す | 形容詞 moving は「感動させる」、be moved で「（人が）感動した」。 |

| □ **visit** [vízit] | 他 ~を訪れる | go to ~ と違い、前置詞は不要。 |

| □ **drive** [dráiv] | 自 （車を）運転する | 文脈によって a car は省略される。 |

| □ **fly** [flái] | 自 飛ぶ；（飛行機で）行く | fly to Singapore だと「シンガポールへ飛行機で行く」。 |

| □ **ride** [ráid] | 他 （馬や乗り物）に乗る | 自動詞として用い、「~に」に in や on を使うこともある。 |

| □ **turn** [tə́ːrn] | 自 曲がる | turn right [left] で「右 [左] へ曲がる」。 |

会話の カギ 日本語の「行く」「来る」と go, come はそのまま対応しません。会話で話題になっている場所に近づくときは come、そこから遠ざかるときは go を使います。

▼ 英会話フレーズ

- I **go** to the gym twice a week.
  私は週に２回ジムに行きます。

- I'll **come** after lunch.
  昼食後に（そちらへ）行きます。

- I **left** the office at seven.
  ７時にオフィスを出ました。

- They **arrived** in Tokyo at noon.
  彼らは正午に東京に着きました。

- I've never **traveled** abroad.
  私は海外旅行に行ったことがありません。

- It's too heavy to **move**.
  それは重すぎて動かせません。

- Many tourists **visit** Kyoto every year.
  毎年多くの観光客が京都を訪れます。

- Did you **drive** here?
  ここへは車で来たのですか。

- The airplane was **flying** low.
  その飛行機は低空飛行していました。

- I like **riding** a bicycle.
  私は自転車に乗るのが好きです。

- **Turn** left at the next corner.
  次の角で左に曲がってください。

6 五感を使う 11語

		▼ 使いこなすヒント
☐ **see** [síː]	他 ～を見る；～が見える 自 見る；わかる	視界に入る意味の「見る」が see。I see. で「なるほど；わかりました」。
☐ **watch** [wátʃ]	他 ～を見る	特に動くものを見るときに用いる。
☐ **look** [lúk]	自 見る；（後に形容詞を置いて）～に見える	意識して見る様子。look like ～（～のように見える）では名詞を続ける。
☐ **hear** [híər]	他 ～が聞こえる；～を聞く	意識的に「聞く」は listen。
☐ **listen** [lísn]	自 聞く；聴く；言うことを聞く	listen to ～で「～を（意識して）聞く［聴く］」。
☐ **sound** [sáund]	自（後に形容詞を置いて）～に聞こえる；～に思われる	名詞では「音」の意味。
☐ **feel** [fíːl]	自（後に形容詞を置いて）～に感じる；～の感じがする	無生物主語でもよく使う。The water feels cold.（水が冷たく感じる）
☐ **taste** [téist]	他 ～の味を見る 自（後に形容詞を置いて）～な味がする	〈taste like ＋ 名詞〉で「～のような味がする」。名詞で「味」の意味も。
☐ **smell** [smél]	自（後に形容詞を置いて）～なにおいがする	名詞で「におい」の意味。
☐ **like** [láik]	他 ～が好きである	後には動名詞も to 不定詞も続く。普通、進行形にならない。
☐ **love** [lʌ́v]	他 ～が大好きである	like 同様、動名詞も to 不定詞も続き、進行形にならない。

会話の カギ 「見る」「聞く」は意識的にするかどうかで動詞を選択します。意識するなら watch, look や listen を、意識しないなら see や hear を使います。

▼ 英会話フレーズ

- We can't **see** any stars tonight.
今夜は星が1つも見えません。

- I went to the stadium to **watch** a baseball game.
野球の試合を見にスタジアムへ行きました。

- You **look** great in that sweater.
そのセーター、とても似合っていますね。

- Sorry, but I can't **hear** you.
(電話口で) すみませんが、そちらの声が聞こえません。

- Let's **listen** to the radio.
ラジオを聞きましょう。

- Your idea **sounds** very interesting.
あなたのアイデアはとても興味深いです。

- Are you **feeling** better today?
今日は具合がよくなりましたか。

- It **tastes** like chicken.
それは鶏肉のような味がする。

- These flowers **smell** sweet.
この花は甘い香りがします。

- What do you **like** to do when you have time?
時間があるときは何をするのが好きですか。

- I **love** chatting on the Internet.
インターネットでチャットをするのが大好きです。

7 考える 11語

CD-1 | 10　　　　　　　　　　　▼ 使いこなすヒント

	単語	意味	ヒント
☐	**think** [θíŋk]	他 (that 節を伴って) 〜だと思う　自 考える；思う	think of 〜で「〜のことを思う[考える]」の意味。
☐	**believe** [bilíːv]	他 〜を信じる	that 節を伴うことができる。
☐	**guess** [gés]	他 〜を推測する；〜を言い当てる　自 推測する	that 節を伴うことができる。
☐	**hope** [hóup]	他 〜を望む；〜を希望する	hope to 〜で「〜することを望む」。that 節を伴うこともできる。
☐	**mean** [míːn]	他 〜を意味する；〜のつもりで言う	会話で I mean, ...「つまり、…」の形でよく使う。
☐	**decide** [disáid]	他 〜を決める	decide to 〜で「〜しようと決める」。wh- 節を伴うことが多い。
☐	**understand** [ʌ̀ndərstǽnd]	他 〜を理解する；〜がわかる	知識面で「わかる；知っている」には know を用いる。
☐	**want** [wánt]	他 〜がほしい；〜を望む	want to 〜で「〜したい」、〈want + O + to *do*〉で「O に〜してもらいたい」。
☐	**worry** [wə́ːri]	自 悩む；心配する　他 〜を心配させる	他動詞では受け身形の be worried (心配する) の形でよく使う。
☐	**agree** [əgríː]	自 賛成する；意見が一致する	⇔ disagree (反対する)
☐	**impress** [imprés]	他 〜を感動させる；〜に感銘を与える	be impressed with (〜に感動[感心]する) の形でよく使う。

会話の カギ think, believe, hope, mean などは自分の考えを表明するための動詞です。ニュアンスや TPO を考えて上手に使いましょう。いずれも that 節が続きますが、会話では that はよく省略されます。

▼ 英会話フレーズ

- I **think** her opinion is important.
  私は彼女の意見は重要だと思います。

- I can't **believe** she did that.
  彼女がそんなことをしたとは信じられません。

- I didn't know the answer, so I **guessed**.
  私は答えがわからなかったので、推測しました。

- I **hope** the weather is nice on the weekend.
  週末は天気がよいといいのですが。

- What does that **mean**?
  それはどういう意味ですか。

- I've **decided** to marry him.
  彼と結婚することに決めました。

- I **understand** what you mean.
  あなたの言いたいことはわかります。

- What do you **want** me to do?
  私に何をしてもらいたいのですか。

- Don't **worry**.
  心配しないで。

- I **agree**.
  賛成です。

- I'm **impressed** with his Japanese.
  彼の日本語には感心します。

8 生活する 11語

CD-1 | 11 ▼ 使いこなすヒント

☐ **eat** [íːt]	他 ～を食べる	食べる動作が焦点。「食事をとる」の意味では have をよく使う。
☐ **drink** [dríŋk]	他 ～を飲む	自動詞で「お酒を飲む」の意味にも。
☐ **cook** [kúk]	他 ～を料理する 自 料理をする	熱を加えて料理をするときに使う。
☐ **bake** [béik]	他 ～を焼く	パンや焼き菓子など、オーブンで焼くものについて使う。
☐ **clean** [klíːn]	他 ～をきれいにする	主に汚れを落とす意味で使う。
☐ **wash** [wáʃ]	他 ～を洗う	水を使って洗うときに使う。
☐ **wear** [wéər]	他 ～を着ている； ～を身につけている	「着る」という動作は put on ⇔ take off (脱ぐ)
☐ **sleep** [slíːp]	自 眠る	「寝床に入る；寝る」という行為は go to bed。
☐ **spend** [spénd]	他 (時間を) 過ごす； (お金を) 使う	〈spend ＋ 時間・金額 ＋ (on) ～ing〉の形でよく使う。
☐ **rain** [réin]	自 雨が降る	名詞では「雨」の意味。
☐ **snow** [snóu]	自 雪が降る	名詞では「雪」の意味。

会話のカギ 似た意味でも使い方に注意すべきものがあります。wear（着ている）と put on（動作として着る）、sleep（眠る）と go to bed（寝床に入る）などはしっかり使い分けましょう。

▼ 英会話フレーズ

- **What would you like to eat for lunch?**
  お昼は何が食べたいですか。

- **Do you have anything to drink?**
  何か飲み物はありますか。

- **I cooked a special dinner for him.**
  彼に特別な夕食をつくりました。

- **The cookies Kathy baked are delicious.**
  キャシーが焼いたクッキーはとてもおいしい。

- **Can you clean the floor with this mop?**
  このモップで床をきれいにしてくれますか。

- **Wash your hands first.**
  先に手を洗いなさい。

- **You don't have to wear a suit and tie on casual days.**
  カジュアルデーにはスーツとネクタイを着用する必要はありません。

- **Did you sleep well last night?**
  昨夜はよく眠れましたか。

- **We spent our holiday relaxing on the beach.**
  私たちは休暇をビーチでくつろいで過ごしました。

- **It was raining when I got up.**
  起きたとき、雨が降っていました。

- **It snowed a lot last winter.**
  昨年の冬は雪がたくさん降りました。

第1章 動詞

9 楽しむ 11語

▼ 使いこなすヒント

単語	意味	ヒント
enjoy [indʒɔ́i]	他 ～を楽しむ	enjoy ～ing で「～するのを楽しむ」。
play [pléi]	他 (スポーツやゲームを)する；(楽器を) 演奏する 自 遊ぶ	後に楽器を続けるときは the を使うのが普通。
ski [skíː]	自 スキーをする	「スキーに行く」は go skiing。
swim [swím]	自 泳ぐ	「泳ぎに行く」は go swimming、go for a swim。
run [rʌ́n]	自 走る	「ランニングをしに行く」は go running、「ジョギングをする」は jog。
walk [wɔ́ːk]	自 歩く 他 (犬などを) 散歩させる	「歩いて行く[来る]」の両方の意味がある。
draw [drɔ́ː]	他 (鉛筆やペンなどで絵を)描く；(線を) 引く；(地図を) 描く	draw は線を引く、paint は面を塗るイメージ。名詞形 drawing は「絵；絵を描くこと」。
paint [péint]	他 (絵の具などで絵を)描く；～にペンキを塗る	名詞形 painting は「絵；絵を描くこと」。
perform [pərfɔ́ːrm]	自 上演する；演じる；演奏する	名詞形は performance (上演；演奏)。
sing [síŋ]	自 歌う 他 ～を歌う	1語で「歌を歌う」の意味にもなる。
dance [dǽns]	自 踊る	名詞で「踊り；ダンス」の意味。

> **会話のカギ** スポーツは、play を使って play tennis や play baseball とするものと、ski や swim などスポーツ種目が動詞になるものがあります。play を使うのは主に球技です。

▼ 英会話フレーズ

- Did you **enjoy** your trip to Sydney?
シドニー旅行は楽しみましたか。

- Do you **play** any sports?
何かスポーツをしますか。

- A lot of Australians come to Hokkaido to **ski**.
多くのオーストラリア人がスキーをしに北海道に来ます。

- Did you go **swimming** at the beach?
海へ泳ぎに行きましたか。

- I **ran** home in the heavy rain.
私は大雨の中を走って家に帰りました。

- It took ten minutes to **walk** here.
ここまで歩いて10分でした。

- My son likes **drawing** pictures with crayons.
息子はクレヨンで絵を描くのが好きです。

- This picture was **painted** in the Edo period.
この絵は江戸時代に描かれました。

- A famous band will **perform** at the event.
有名なバンドがそのイベントで演奏します。

- He **sings** when he gets drunk.
彼は酔うと歌います。

- Shall we **dance**?
踊りませんか。

第1章 動詞

10 話す・コミュニケーションをとる 20語

話す　　CD-1|13　　▼ 使いこなすヒント

talk [tɔ́:k]	自 話す；しゃべる	「話をする」のイメージ。言葉を「話す」は speak。
speak [spí:k]	自 話す　他 ～を話す	talk より堅い語。「(人)に」は〈to + 人〉で表す。
tell [tél]	他〈SVOO で〉～に…を言う［話す；伝える；教える］	〈tell + O + to do〉で「O に～するように言う」。
say [séi]	自 言う　他 ～を［と］言う	他動詞では後に that 節を伴うことができる。「(人)に」は〈to + 人〉で表す。
ask [ǽsk]	他 ～を尋ねる；～を頼む　自 尋ねる；頼む	〈ask + 人 + for ～〉で「(人)に～を頼む」。
answer [ǽnsər]	他 ～に答える；(電話に)応答する　自 答える	answer the phone で「電話に出る」。名詞で「答え」の意味。
explain [ikspléin]	他 ～を説明する	「(人)に」は〈to + 人〉で表す。
call [kɔ́:l]	他 ～に電話をする；〈SVOC で〉～を…と呼ぶ	Please call me Jun. で「私をジュンと呼んでください」という意味。
thank [θǽŋk]	他 ～に感謝を述べる	(I) Thank you. は「(私は)あなたに感謝します＝ありがとう」ということ。
show [ʃóu]	他〈SVOO で〉～に…を見せる［示す；教える］	tell や teach と違い、「見せて説明する」というイメージ。
shout [ʃáut]	自 叫ぶ；大声で呼ぶ；大声を出す　他 ～を［と］叫んで言う	感情を表す以外に、注意を促すときなどにも用いる。

> **会話の カギ** 「言う・話す」には talk, speak, tell, say とありますが、ニュアンスと用法が異なるので例文で練習しておきましょう。tell は他動詞で使いますが、他の3つは自動詞でよく使います。

▼ 英会話フレーズ

- Can I **talk** to you now?
  今、話せますか。

- She **spoke** to me in a quiet voice.
  彼女は静かな声で話しかけてきました。

- Could you **tell** me the way to the station?
  駅への行き方を教えていただけますか。

- Could you **say** that again?
  もう一度言ってもらえますか。

- Can I **ask** something?
  ちょっとお尋ねしてもいいですか。

- **Answer** the question.
  質問に答えてください。

- Could you **explain** how to use this word?
  この単語の使い方を説明していただけますか。

- I **called** him many times, but he never answered.
  彼に何度も電話をしましたが、彼は一度も出ませんでした。

- I'd like to **thank** you all.
  みなさんにお礼を言いたいと思います。

- He **showed** me how to use the washing machine.
  彼はその洗濯機の使い方を教えてくれました。

- She **shouted**, "Don't touch that!"
  彼女は「それに触らないで！」と叫んだ。

▼ 使いこなすヒント

□ **cry** [krái]	自 泣く；(大声で) 叫ぶ；声を上げる	「叫ぶ」の意味では悲しみだけでなく、喜びや苦しみについても使う。
□ **cheer** [tʃíər]	他 ～を声援する；～を元気づける；～を励ます	cheer ～ up / cheer up ～でよく使う。自動詞では、Cheer up!(元気を出して) など。

コミュニケーションをとる CD-1|14

□ **introduce** [ìntrədjúːs]	他 ～を紹介する	introduce A to B で「AをBに紹介する」。
□ **meet** [míːt]	他 ～に会う；～と知り合いになる	出会いについては see ではなく meet を使う。
□ **send** [sénd]	他 ～を送る	send A B、send B to A で「AにBを送る」。
□ **receive** [risíːv]	他 ～を受け取る	get の堅い表現。
□ **invite** [inváit]	他 ～を招く；～を誘う	invite A to B で「AをBに招く[誘う]」。
□ **promise** [prámis]	他 ～を約束する 自 約束する	会話で I promise. と言うと、「きっと(そう)します」という意味。
□ **smile** [smáil]	自 ほほえむ；にっこり笑う	声を伴って「笑う」は laugh。

▼ 英会話フレーズ

- Don't **cry**.
  泣かないで。

- She **cheered** me up after I failed the exam.
  試験に落ちた後、彼女が元気づけてくれました。

- Let me **introduce** myself.
  自己紹介をさせてください。

- Nice to **meet** you.
  初めまして［お会いできて嬉しいです］。

- He **sent** me a picture by e-mail.
  彼は私にEメールで写真を送ってきました。

- I haven't **received** your letter yet.
  私はあなたの手紙をまだ受け取っていません。

- How many people did you **invite** to the party?
  パーティーには何人の人を招待しましたか。

- I **promise** I'll come by six.
  6時までにはそちらに行くことを約束します。

- She **smiled** and said, "Thank you."
  彼女はほほえんで「ありがとう」と言った。

11 変化する (11語)

▼ 使いこなすヒント

単語	意味	ヒント
change [tʃéindʒ]	他 〜を変える 自 変わる；変化する	名詞で「変化」の意味。
become [bikʌ́m]	他 (後に形容詞・名詞を置いて) 〜になる	〈become + 形容詞〉はやや堅い表現で、会話では〈get + 形容詞〉で表すことが多い。
happen [hǽpən]	自 起こる；生じる	物事が偶然に起こる様子。
start [stáːrt]	他 〜を始める 自 始まる	後には動名詞も to 不定詞も続く。
begin [bigín]	他 〜を始める 自 始まる	start よりも堅いイメージ。後には動名詞も to 不定詞も続く。
finish [fíniʃ]	他 〜を終える 自 終わる	finish 〜ing で「〜をし終える」。
end [énd]	自 終わる	finish よりも堅いイメージ。名詞で「終わり」の意味。
stop [stáp]	自 やめる；止まる 他 〜をやめる；〜を止める	stop 〜ing で「〜するのをやめる」、stop to do だと「〜するために立ち止まる」。
grow [gróu]	自 (生物などが) 成長する；(草木が) 生える 他 〜を育てる；〜を栽培する	grow up で「成長する；大人になる」。
continue [kəntínjuː]	自 続く；継続する 他 〜を続ける	後には動名詞も to 不定詞も続く。
rise [ráiz]	自 (太陽などが) 昇る；上昇する；増す；上がる	他動詞「〜を上げる」は raise [réiz]。

> **会話のカギ** 変化を表す change は語形もポイントです。他動詞として「A を B に変える」なら〈change A into/to B〉、同類のものを「交換する」なら〈change ＋ 名詞の複数形〉です。

第1章 動詞

▼ 英会話フレーズ

- **Change** trains at the next station.
  次の駅で電車を乗り換えてください。

- He's studying hard to **become** a lawyer.
  彼は弁護士になるために一生懸命に勉強しています。

- What **happened** then?
  それからどうなったのですか。

- When did you **start** learning English?
  あなたはいつ英語を学び始めたのですか。

- Suddenly, it **began** to rain.
  突然、雨が降り始めました。

- Have you **finished** packing?
  荷造りは終わりましたか。

- All is well that **ends** well.
  終わりよければすべてよし。

- I couldn't **stop** laughing at his joke.
  彼の冗談に笑いが止まりませんでした。

- I'm **growing** some herbs in my garden.
  私は庭でハーブを育てています。

- He **continued** to play baseball after his injury.
  彼はけがをした後も野球をし続けました。

- We watched the sun **rising** above the horizon.
  私たちは太陽が水平線上に昇るのを眺めました。

12 仕事をする 15語

働く・つくる　CD-1|16

			▼ 使いこなすヒント
☐	**work** [wə́ːrk]	自 働く；作用する；(薬などが)効く；(計画などが) うまくいく	「がんばる」と言いたいときは work [try] hard が便利な表現。
☐	**design** [dizáin]	他 〜を設計する；〜をデザインする	名詞で「デザイン」の意味。
☐	**produce** [prədjúːs]	他 〜を製造する；〜を生み出す；〜をつくり出す；〜をもたらす	「(農産物を) 生産する」の意味も。
☐	**build** [bíld]	他 〜を建てる	名詞形は building (建物)。

This house was built a hundred years ago.

使う・リサイクルする　CD-1|17

☐	**use** [júːz]	他 〜を使う	名詞で「使うこと；使用」の意味もある。
☐	**reuse** [rijúːz]	他 〜を再使[利]用する	re- (再) + use (使用する)

> **会話の カギ** 主に仕事でよく使う動詞をまとめて紹介します。reduce（減らす）、reuse（再利用する）、recycle（再生利用する）は現代のキーワードで、中学英語にもしっかり登場しています。

第1章 動詞

▼ 英会話フレーズ

- I **work** part-time.
  私はパートタイムで働いています。

- My job is to **design** web pages.
  私の仕事はウェブページをデザインすることです。

- We **produce** motorbikes in this factory.
  私たちはこの工場でオートバイを製造しています。

- This house was **built** a hundred years ago.
  この家は100年前に建てられました。

- Are you **using** that computer now?
  今、そのコンピュータを使っていますか。

- Keep that plastic case. I'm going to **reuse** it.
  そのプラスチック容器を取っておいて。再利用するから。

▼ 使いこなすヒント

☐	**recycle** [risáikl]	他 (紙や瓶など)をリサイクルする；〜を再生する；〜を再生利用する	名詞形は recycling (リサイクル)。
☐	**reduce** [ridjúːs]	他 (サイズ・数量・程度などを) 減らす；小さくする；下げる 自 減る	⇔ increase (〜を増やす；増える)
☐	**remove** [rimúːv]	他 (ふたなどを) 取り外す；取り除く；片づける	take の堅い語。
☐	**collect** [kəlékt]	他 〜を集める	名詞形は collection (収集)。

協力する CD-1 18

☐	**support** [səpɔ́ːrt]	他 〜を支える；〜を支持する	名詞で「支持；支援」。
☐	**join** [dʒɔ́in]	他 〜に加わる；〜に参加する	「〜の仲間に入る」というイメージ。
☐	**share** [ʃɛ́ər]	他 〜を分かち合う；〜を共有する；〜を互いに分けあう	share A with B で「A を B と共有する」。
☐	**follow** [fálou]	他 〜の後についていく；〜に従う	follow the rule で「規則に従う」。
☐	**need** [níːd]	他 〜が必要である	need to 〜で「〜する必要がある」。

▼ 英会話フレーズ

- We can **recycle** these bottles.
  これらの瓶はリサイクルできます。

- We should **reduce** the amount of waste we produce.
  私たちは自分たちが出すごみの量を減らすべきです。

- They **removed** the fallen tree from the road.
  彼らは道路から倒れた木を撤去しました。

- The garbage is **collected** twice a week.
  ごみは週2回収集されます。

- They are **supported** by the government.
  彼らは政府に援助されています。

- We're going to see a movie. Do you want to **join** us?
  私たちは映画を見に行きます。一緒にどうですか。

- We **share** the room with another department.
  私たちは他部署と部屋を共有しています。

- Please **follow** me.
  私についてきてください。

- We **need** some volunteers.
  私たちにはボランティアが数名必要です。

13 学習する 8語

単語	意味	使いこなすヒント
learn [lə́:rn]	他 ～を学ぶ；～を習う；～を覚える 自 学ぶ	勉強をイメージするstudyと使い分ける。learn about ～の形でもよく使う。
study [stʌ́di]	他 ～を研究する；(学科などを) 勉強する 自 勉強する	× study about English ○ study English
know [nóu]	他 ～を知っている；～がわかっている 自 知っている；わかっている	普通は進行形にならない。
teach [tí:tʃ]	他 (学科などを) 教える；～を教授する	「AにBを教える」はteach A B または teach B to Aの形。
read [rí:d]	他 ～を読む 自 読書をする	1語でread booksの意味も表せる。
write [ráit]	他 ～を書く 自 (文字や手紙を) 書く	1語でwrite a letter [letters]の意味にもなる。
check [tʃék]	他 ～を調べる；～を確認する	名詞は「照合；検査」などの意味。
practice [prǽktis]	他 ～を練習する 自 練習する	名詞で「練習」の意味。

50

> **会話のカギ** study と learn はニュアンスが違います。study は「勉学する」ことであるのに対して、learn は何かを身につけるために「学ぶ」ことです。用法の違いも知っておきましょう。

▼ 英会話フレーズ

- I've **learned** a lot about their culture.
  私は彼らの文化について多くを学びました。

- She **studies** archaeology at university.
  彼女は大学で考古学を研究しています。

- Do you **know** where Ann is from?
  アンがどこの出身か知っていますか。

- Mrs. Johnson used to **teach** me piano.
  ジョンソンさんは昔、私にピアノを教えてくれました。

- Have you **read** the magazine yet?
  その雑誌はもう読みましたか。

- I **wrote** down everything she said.
  私は彼女の言うことをすべて書き留めました。

- Did you **check** the weather forecast for tomorrow?
  明日の天気予報を確認しましたか。

- He's **practicing** hard for the next tennis tournament.
  彼は次のテニスのトーナメントのために熱心に練習しています。

とっておき中学英単語 ① try

　tryは「〜を試す」という基本的な意味を軸に、「食べてみる」「飲んでみる」「使ってみる」など、幅広く使える便利な動詞です。

　例えば、ケーキを作って Try some.（試して［食べて］ごらん）と言えば、tryはeatの意味ですね。

　店員に新発売のドリンクを勧められて I'll try it. と言えば、tryはdrinkやbuyの意味になります。

　その他よく使う表現として、日本語の「がんばる」に当たる try hard [work hard] があります。try to 〜（〜しようと努力する）と組み合わせると、try hard to 〜（〜しようと懸命に努力する）という意味になります。

Try some.

第2章

中学形容詞

127語

形容詞は、人・モノ・コトの特徴や様態などを形容します。中学形容詞は生活でよく使うものばかりで、また1語で多様な使い方ができるものもあります。ニュアンスやTPOも意識して、会話で使いこなせるようにしましょう。

CD-1|20 ～ CD-1|49

限定用法と叙述用法

⊙ 形容詞の役割

　形容詞は、人・モノ・コトの特徴や様態などを さまざまに形容するという役割をします。名詞を修飾する「限定用法」と、述語になる「叙述用法」があります。

⊙ 名詞を修飾する

　限定用法というのは名詞を修飾する用法で、名詞の前に置く場合と名詞の後ろに置く場合があります。英語の場合は、形容詞は名詞の前に置くのが一般的です。後ろに置くのは、現在分詞や過去分詞で他の修飾語をしたがえているとき、something new など特殊な名詞を修飾する場合などです。

⊙ 述語になる

　述語になるとは、言い換えれば「文の補語（C）になる」ことです。〈第2文型：S + V + C〉や、〈第5文型：S + V + O + C〉のCに形容詞が使われる場合です。つまり、第2文型では形容詞は主語を説明し、第5文型では形容詞は目的語を説明します。

使いこなしのヒント

　happy は「幸福な」という意味だけでなく、「喜びや満足の感情」を広く表現できます。「うれしい」「楽しい」「喜んで」というニュアンスの幅があることを意識しましょう。
　その形容詞を使った典型的な会話フレーズがあります。使いこなすには、使用頻度の高いフレーズに乗せて覚えてしまうことが大切です。happy なら、I'm happy to hear that.（それを聞いてうれしいです）や I'm happy to see you.（お会いできてうれしいです）など、I'm happy to ～で覚えておくとさまざまに応答できます。

第2章 形容詞

限定用法

名詞の前に置く　**an interesting story**
（面白い話）

名詞の後ろに置く　**something new**
（何か新しいもの）

叙述用法

主語を説明する　**This story is interesting.**
　　　　　　　　　S　　　V　　　C
（この話はおもしろい）

目的語を説明する　**His joke made me angry.**
　　　　　　　　　S　　　V　　O　　C
（彼の冗談が私を怒らせた）

1 感情・感覚を表す 20語

ポジティブな感情 CD-1|20

▼ 使いこなすヒント

☐ **glad** [glǽd]	（人が）うれしい； 喜んで	I'm glad to ～、I'm glad that ～で覚えよう。
☐ **happy** [hǽpi]	幸せな；うれしい； 楽しい	I'd be happy to は仮定法の表現で、断るときのクッションになる。
☐ **nice** [náis]	よい；すてきな； すばらしい	Have a nice day!（良い一日を!）、Have a nice trip!（よいご旅行を!)。
☐ **sure** [ʃúər]	確かな；確信している	Are you sure?（本気かい?）は決まり文句。
☐ **wonderful** [wʌ́ndərfəl]	すばらしい；すてきな	類義の great、terrific、fantastic、super なども会話でよく使う。
☐ **favorite** [féivərət]	お気に入りの；大好きな	「お気に入りの～」と言いたいときに。
☐ **free** [fríː]	自由な；解放された； 時間がある	会話では「時間が空いている」の意味でよく使う。「無料の」の意味もある。

ネガティブな感情 CD-1|21

☐ **sad** [sǽd]	悲しい	類義の unhappy（不幸な）、depressed（落ち込んだ）などもよく使う。
☐ **sorry** [sɔ́ːri]	申し訳なく思って； 残念に思って	I'm sorry to ～、I'm sorry that ～で使えるように。
☐ **afraid** [əfréid]	こわがって；恐れて	be afraid of ～で「～をこわがって」。

> **会話のカギ** 感情・感覚を伝えるには〈be動詞 + 形容詞〉の形が基本です。〈feel + 形容詞〉も使えます。「〜になる」という感情の変化を表すときには〈get + 形容詞〉を使います。

▼ 英会話フレーズ

- I'm **glad** to see you again.
  またお目にかかれてうれしいです。

- I'd be **happy** to, but I have other plans.
  お受けできればいいのですが、先約がありまして。

- Have a **nice** holiday season!
  すてきなホリデーシーズンを！

- Are you **sure** of it?
  それは確かなのですか。

- We had a **wonderful** time in Hawaii.
  私たちはハワイではすばらしい時を過ごしました。

- Chanel is my **favorite** brand.
  シャネルは私のお気に入りのブランドです。

- I'm **free** this weekend.
  今週末は時間があります。

- Today is a **sad** day for everybody.
  今日はだれにとっても悲しい一日です。

- I'm **sorry** to hear that.
  それを聞いて残念です。

- I'm **afraid** of lightning and thunder.
  私は雷がこわい。

第2章 形容詞

▼ 使いこなすヒント

☐	**angry** [ǽŋgri]	怒って；怒った	get angry で「怒る」。名詞は anger（怒り）。

〜ed/〜ing 型の形容詞 CD-1|22

☐	**interested** [íntərəstid]	興味を持った；関心がある；おもしろい	get interested in で「〜に関心を持つようになる」。
☐	**interesting** [íntərəstiŋ]	おもしろい；興味を起こさせる	興味や好奇心を刺激するというイメージ。
☐	**excited** [iksáitid]	わくわくした；興奮した	動詞 excite は「興奮させる」。例文は相手を迎えるときの決まり文句。
☐	**exciting** [iksáitiŋ]	興奮させる；胸がわくわくするような	an exciting match（興奮させる試合）、an exciting experience（わくわくする経験）
☐	**amazing** [əméiziŋ]	びっくりさせるような；驚くべき	動詞 amaze は「驚かせる」で、受け身 amazed なら「驚いた」。

感覚を表す CD-1|23

☐	**hungry** [hʌ́ŋgri]	空腹な；うえた	空腹を強調するなら starving が使える。例文は hungry を使って大げさに表現したもの。
☐	**thirsty** [θə́:rsti]	のどがかわいた	「飲みたい」から「渇望する」という意味でも使える。
☐	**delicious** [dilíʃəs]	とてもおいしい	good や nice よりもおいしさを強調する。
☐	**sweet** [swí:t]	甘い	a sweet cake で「甘いケーキ」。反意語は bitter（苦い）。

▼ 英会話フレーズ

- Don't be **angry** about such a small thing
  そんな細かいことに怒らないで。

- My daughter got **interested** in music after the concert.
  娘はそのコンサートの後、音楽に興味を持った。

- Her new novel is very **interesting**.
  彼女の新しい小説はとてもおもしろい。

- I'm very **excited** to have you here.
  お越しいただきましてとてもうれしいです。

- This will be an **exciting** challenge for me.
  これは私にとってわくわくする挑戦になるでしょう。

- Your speech was **amazing**.
  あなたのスピーチはすばらしかったです。

- I'm so **hungry** I could eat a horse.
  おなかがすごくすいた。

- Children are **thirsty** for knowledge.
  子供たちは知識がほしくてたまらない。

- Your apple pie is **delicious**!
  あなたのアップルパイ、おいしいよ！

- Life has a **sweet** side and a bitter side.
  人生には苦楽があるものだ。

第2章 形容詞

2 人を形容する 16語

人の外見　CD-1|24

▼ 使いこなすヒント

☐	**cute** [kjúːt]	可愛い	「可愛らしくて人に愛される」というニュアンス。
☐	**pretty** [príti]	可愛らしい；きれいな	女性が「きれいな」、子供が「可愛い」という意味で使う。
☐	**cool** [kúːl]	かっこいい；すてきな；涼しい；冷たい	It's cool. で「大丈夫だよ」「問題ないよ」というフレーズになる。
☐	**young** [jʌ́ŋ]	若い	モノも形容できる。a young country (新しい国)
☐	**fine** [fáin]	元気な；健康な；調子のよい	I feel fine. で「気分がいい」。No, I'm fine. で断りの表現になる。
☐	**sick** [sík]	病気の	I feel sick. で「気分が悪い」。

性格・態度　CD-1|25

☐	**kind** [káind]	親切な；優しい	You are very kind. でも例文と同じ意味を表せる。
☐	**friendly** [fréndli]	好意的な；優しい；親しい	eco-friendly で「環境に優しい」、user-friendly で「使いやすい」。
☐	**popular** [pápjulər]	人気のある	a popular gift (人気のある贈り物)、a popular idol (人気のアイドル)
☐	**famous** [féiməs]	有名な	be famous as ～で「～として有名である」。be famous for ～なら「～で有名である」。

会話の カギ 人を表す中学形容詞は、ほめるときに使うものが中心です。cute や pretty、cool、young などニュアンスを意識して使いましょう。pretty は主に人に使い、cute は動物にも使えます。

▼ 英会話フレーズ

- What a **cute** kitten!
  なんて可愛い子猫なの！

- What is this **pretty** little girl's name?
  この可愛い女の子の名前は何というの？

- Where did you buy this **cool** jacket?
  このすてきなジャケット、どこで買ったの？

- Lewis is my **younger** brother.
  ルイスは私の弟です。

- I'm doing **fine**.
  私は元気にやっています。

- Dad is **sick** in bed today.
  パパは今日は病気で寝ています。

- That's very **kind** of you.
  ご親切にどうも。

- The hotel staff was **friendly** to me.
  ホテルのスタッフは私に親切でした。

- Japanese fashion is becoming **popular** in the U.S.
  日本のファッションはアメリカで人気が出ている。

- Nara is **famous** as an old Buddhist city.
  奈良は古い仏教の都として有名です。

▼ 使いこなすヒント

☐	**funny** [fʌ́ni]	おもしろい；愉快な；おかしな	「奇妙な」という意味でも使う。a funny coincidence（奇妙な偶然）
☐	**poor** [púər]	かわいそうな	Poor thing! で「かわいそうに！」という決まり文句。
☐	**careful** [kɛ́ərfəl]	注意して；慎重な	注意すべき対象は、be careful of [about/with] で導く。

社会性　CD-1│26

☐	**own** [óun]	自分自身の；特有の；独特の	所有者を強調する。my own money（私自身のお金）、my own plan（私自身の計画）
☐	**junior** [dʒúːnjər]	年下の；下級の	大学では「3年生」の意味。
☐	**dear** [díər]	親愛なる〜（様、さん）	普通、手紙の書きだしに用いる。間投詞として使えば、驚きや共感を表す。Oh, dear!（あらまあ）

What's so funny?

▼ 英会話フレーズ

- What's so **funny**?
  何がそんなにおかしいの？

- **Poor** Alice dropped into the hole.
  アリスはかわいそうに穴に落ちてしまいました。

- Be **careful** not to miss the train.
  電車に乗り遅れないように気をつけて。

- I want to design my **own** clothes.
  私は自分の服をデザインしたい。

- My son is in the 2nd grade of **junior** high.
  私の息子は中学 2 年生です。

- **Dear** Ron, I must apologize for my long silence.
  親愛なるロン、長い間連絡しなくて申し訳ない。

第 2 章　形容詞

3 かたちを表す 8語

大きい・小さい　CD-1|27

▼ 使いこなすヒント

□ **big** [bíg]	大きい；大きな	「形が大きい」という意味のほか、「重要度や深刻さが大きい」という意味でもよく使う。
□ **large** [láːrdʒ]	大きい；広い；（サイズが）大の	形・容量・範囲などが大きいこと。
□ **little** [lítl]	小さい；かわいい	「形が小さい」、「年齢が若い」のほか、「量が少ない」という意味も。
□ **small** [smɔ́ːl]	小さい	大きさのほか、分量や重要度にも使う。small amount（少量）

長い・短い　CD-1|28

□ **long** [lɔ́ːŋ]	（長さ・距離・時間が）長い	How long ～？はふつう「時間」を聞く。How far ～？で「距離」を聞く。
□ **short** [ʃɔ́ːrt]	（長さ・距離・時間が）短い；背が低い	時間では a short conversation（短い会話）、長さでは short hair のように使う。

高い・低い　CD-1|29

□ **tall** [tɔ́ːl]	（背・建物などが）高い	6 feet tall のように高さの数詞は前に置く。
□ **low** [lóu]	（価格・高さが）低い	背丈、量、得点、価値などが低いこと。

会話のカギ 大きさを表す big、small などはモノの「形」を形容するだけでなく、年齢・重要度の大小など抽象的な意味でも使えます。long、short は「形」だけでなく、時間の長短にも使えます。

▼ 英会話フレーズ

- Changing jobs was a **big** decision for me.
  転職は大きな決断でした。

- Do you have this sweater in a **large** size?
  このセーターのLサイズはありますか。

- A cute **little** puppy has come to my home.
  小さな可愛い子犬がわが家にやって来た。

- I don't have any **small** change.
  小銭を持っていません。

- How **long** is your summer vacation?
  夏休みはどれくらいですか。

- My home is a **short** walk from here.
  私の家はここから少し歩いたところです。

- My wife is a little **taller** than me.
  妻は私より少し背が高い。

- LCC means "**low**-cost carrier."
  LLC は「低価格航空」の意味です。

第2章 形容詞

4 時間を表す 6語

新しい・古い　CD-1|30

▼ 使いこなすヒント

□ **new** [njúː]	新しい；新任の	What's new with you? で「お変わりない?」という挨拶になる。
□ **old** [óuld]	古い；昔の；…歳の；年老いた	年齢を言うときは、33 years old と数詞は前に置く。
□ **traditional** [trədíʃənl]	伝統的な	名詞 tradition (伝統) も覚えておこう。

時間の前後関係　CD-1|31

□ **next** [nékst]	次の；今度の	「次の次の」は after next などと言う。
□ **last** [lǽst]	最後の；最近の	last Friday と言えば「先週の金曜日」のこと。
□ **late** [léit]	遅れた；遅刻した；遅い	late fall なら「晩秋」。the late Mr. Gordon で「故ゴードン氏」。

I'm new here.

> **会話の カギ** 「新しい・古い」と「時間の前後関係」を表す形容詞を覚えましょう。next Friday は「次週の金曜日」、last Friday は「先週の金曜日」のこと。「今週の金曜日」は this Friday と言います。

▼ 英会話フレーズ

- I'm **new** here.
  私は新人です。

- Yoko is an **old** friend of mine.
  ヨウコは私の古い友人です。

- Kabuki is a **traditional** Japanese performing art.
  歌舞伎は日本の伝統芸能です。

- Let's meet **next** Saturday.
  来週の土曜日に会おう。

- What time is the **last** train?
  終電は何時ですか。

- I was **late** for the meeting because of heavy traffic.
  交通渋滞で会議に遅れてしまった。

5 様態を表す　19語

よい・悪い　CD-1|32

▼ 使いこなすヒント

good [gúd]	上手な；よい；すぐれた	be good at で「〜が上手である」。
better [bétər]	よりよい（good の比較級）	That's better. で「そのほうがいいよ」という決まり文句。
best [bést]	一番よい（good の最上級）	the best way（最良の方法）、the best choice（最良の選択）
bad [bǽd]	悪い；ひどい	Not so bad. で「まあまあです」と言える。bad < worse < worst

強い・弱い　CD-1|33

| strong [stró:ŋ] | 強い；丈夫な | a strong economy（強い経済）、strong coffee（濃いコーヒー） |
| weak [wí:k] | 弱い；かすかな；衰弱した | weak eyesight（弱い視力）、a weak smile（弱々しい微笑） |

空間　CD-1|34

| high [hái] | 高い | 価格・数量・程度・身分など用途は広い。high salary（高給）、high society（上流社会） |
| deep [dí:p] | 深い；奥の；深さが〜の | a deep breath（深呼吸）、a deep forest（深い森）、a deep mystery（深い謎） |

会話のカギ good/bad は簡単に見えて、奥の深い形容詞です。使いこなせば会話で大活躍します。good < better < best、bad < worse < worst と、原級 < 比較級 < 最上級もおさらいしておきましょう。

▼ 英会話フレーズ

- My daughter is **good** at painting.
  娘は絵を描くのが上手なんです。

- The hotel was **better** than expected.
  そのホテルは予想以上によかったです。

- That was the **best** meal I've ever had.
  あれは今までで最高の食事でした。

- That's not so **bad**, is it?
  そんなに悪くないんじゃない？

- The prime minister is a **strong** leader.
  首相は強い指導者です。

- Our company's sales are **weak**.
  我が社の売り上げは勢いがない。

- My house is **high** up on the hill.
  私の家は丘の上のほうにあります。

- Take a **deep** breath when you get nervous.
  緊張したときには深呼吸をしなさい。

第2章 形容詞

美的な　CD-1|35　　▼ 使いこなすヒント

☐	**beautiful** [bjúːtəfəl]	美しい；きれいな	容姿を言う場合には、女性に対して用いる。
☐	**clean** [klíːn]	清潔な；きれいな	clean は「汚れがなく清潔な」、tidy は「整理されて片付いている」。
☐	**colorful** [kʌ́lərfəl]	色とりどりの；色彩豊かな	話などが「生き生きとした」、人生などが「波乱に富んだ」という意味でも使える。

さまざまな様態　CD-1|36

☐	**light** [láit]	軽い	程度・動作・数量などにも使える。a light lunch（軽めの昼食）、a light kiss（軽いキス）
☐	**soft** [sɔ́ːft]	柔らかい；なめらかな	a soft wind（やさしい風）、soft voices（柔らかな声）、soft words（やさしい言葉）のように使える。
☐	**quiet** [kwáiət]	静かな	keep quiet で「静かにしている；黙っている」。silent が類義語。
☐	**special** [spéʃəl]	特別な	special offer（特別サービス）、a special issue（［雑誌などの］特別号）
☐	**different** [dífərənt]	違う；別々の；異なった	「A は B と違う」は A is different from B. の形を使う。
☐	**medium** [míːdiəm]	（大きさ・程度・質などが）中間の；中くらいの	a medium build で「中肉中背の」、medium size で「M サイズの」。
☐	**strange** [stréindʒ]	奇妙な；ふしぎな	feel strange で「違和感を覚える」「調子がおかしい」。
☐	**dangerous** [déindʒərəs]	危険な	「危ない！」と警告するときは Watch out! と言う。

▼ 英会話フレーズ

- How **beautiful** Mt. Fuji is!
  富士山はなんてきれいなんだ！

- His office is always **clean** and tidy.
  彼のオフィスはいつも清潔で片付いています。

- Look. Here is a **colorful** butterfly.
  見て。カラフルな蝶がいるよ。

- This digital camera is **light** and can go in your pocket.
  このデジカメは軽くて、ポケットにも収まる。

- This sofa is very **soft** and cozy.
  このソファはとても柔らかくて心地よい。

- Be **quiet**, please.
  静かにしてください。

- You're very **special** to me.
  君は僕にとって特別なんだ。

- How about if you tried doing it a **different** way?
  違ったふうにやってみたらどう？

- Ken is of a **medium** build.
  ケンは中肉中背だ。

- There's something **strange** about my mobile.
  私の携帯はどこか変だ。

- Don't get close to **dangerous** animals.
  危険な動物には近づかないでください。

第2章 形容詞

6 仕事・学習で使う 28語

ほめる　CD-1│37

▼ 使いこなすヒント

| □ **great** [gréit] | すばらしい；すごい | 程度や量、能力などが卓越していること。「強烈な」「重要な」「崇高な」など多様な意味で使える。 |
| □ **perfect** [pə́:rfikt] | 完全な；申し分ない | It's perfect!（ばっちりだ、完璧だ）も覚えておこう。 |

簡単・難しい　CD-1│38

□ **easy** [í:zi]	簡単な；やさしい	an easy life（安楽な生活）、an easy fit（ゆったりした着心地）のようにも使える。
□ **hard** [há:rd]	難しい；骨の折れる；つらい；懸命な	a hard problemで「難問」、a hard lifeで「厳しい生活」。
□ **difficult** [dífikàlt]	難しい；困難な	人が「気むずかしい」という意味でも使える。

正否　CD-1│39

□ **right** [ráit]	正しい；間違いない	相手の質問などにThat's right.またはRight.で「その通り」と答えられる。
□ **true** [trú:]	本当の；真実の	How true.で相手の話に対して「おっしゃるとおりです」の応答。
□ **wrong** [rɔ́:ŋ]	間違った	What's wrong?で「どうしたの?」、反語的に「何がいけないの?」。

> **会話の カギ** 仕事でよく使う形容詞をまとめて紹介します。仕事で役立つ例文で練習しましょう。hard work（ハードワーク）、wrong number（間違い電話）など、フレーズで覚えておきたいものもあります。

▼ 英会話フレーズ

- **Great** job!
  よくやった！

- Our promotion was **perfect**, but our sales were flat.
  私たちの販促は申し分なかったが、売り上げは伸びなかった。

- There is no **easy** way to master English.
  英語をマスターするのにたやすい方法はない。

- **Hard** work always pays off.
  ハードワークは必ず報われる。

- I must pass a **difficult** test.
  私は難しい試験に合格しなければならない。

- I think you are **right**.
  あなたは正しいと思います。

- Your view was **true** in the 90s, but not now.
  君の意見は90年代には真実だったが、今は違う。

- Maybe you have the **wrong** number.
  たぶん電話番号が間違っていると思います。

第2章 形容詞

価値・必要性　CD-1|40　▼ 使いこなすヒント

☐	**expensive** [ikspénsiv]	高価な；（値段が）高い	お金がかかるという意味で使う。
☐	**cheap** [tʃíːp]	安い；安価な	「安っぽい」というニュアンスがある。inexpensiveがニュートラルな表現。
☐	**important** [impɔ́ːrtənt]	重要な；大切な	It's important to do の形でもよく使う。
☐	**useful** [júːsfəl]	役に立つ；有益な	反意語は useless（役に立たない）。
☐	**necessary** [nésəsèri]	必要な；なくてはならない	if necessary（必要なら）もよく使うので覚えておこう。

仕事の状況　CD-1|41

☐	**busy** [bízi]	忙しい；多忙な	会話では tied up や swamped もよく使う。a busy street なら「往来の激しい通り」。
☐	**ready** [rédi]	用意［準備］ができた	Are you ready?（準備できた？）もよく使うフレーズ。
☐	**tired** [táiərd]	疲れた	「ひどく疲れた」という意味の exhausted も覚えておこう。
☐	**sleepy** [slíːpi]	眠い	sleep（眠る）、sleepless（眠れない）、drowsy（うとうとした）。
☐	**convenient** [kənvíːnjənt]	好都合な；便利な	人を主語にできないので注意。
☐	**lucky** [lʌ́ki]	運の良い；幸運な	be lucky to do で使えるようにしておこう

▼ 英会話フレーズ

- He drives an **expensive** German car.
  彼は高額なドイツ車に乗っている。

- You can find **cheaper** hotels and flights on the net.
  ネットでもっと安いホテルとフライトを探せるでしょう。

- For me, the most **important** thing is family.
  私にとっては家族が一番大切です。

- **Useful** gadgets are useless if you don't use them.
  使わなければ、役に立つ機器も役に立たない。

- This is a **necessary** step toward achieving the goal.
  これは目標達成に向かうのに必要なステップです。

第2章 形容詞

- I'll be quite **busy** throughout the week.
  今週中はけっこう忙しいんです。

- I'm as **ready** as I'll ever be.
  準備万端です。

- I'm very **tired**, so I think I'll call it a day.
  とても疲れたのでこれで失礼します。

- I always get **sleepy** after lunch.
  お昼ご飯の後、いつも眠くなる。

- When is **convenient** for you?
  いつが都合がいいですか。

- I'm **lucky** to have this job.
  この仕事に就けて幸運です。

75

		▼ 使いこなすヒント
☐ **effective** [iféktiv]	効果的な；効力を持っている	薬や方法などが「効果的な」、法律などが「効力を持っている」という意味で使う。
☐ **nervous** [nə́ːrvəs]	緊張した；不安な	緊張・不安の対象は of や about で導く。
☐ **professional** [prəféʃənl]	プロの；専門の；本職の	反意語は amateur（アマチュアの）。profession は「職業」。

ローカル・グローバル CD-1 | 42

☐ **local** [lóukəl]	地元の；地方の；その土地の	local accent で「訛り」。「方言」は dialect と言う。
☐ **native** [néitiv]	母語の；地元の；生まれつきの	a native country で「故国」、native produce で「地元の農産物」。
☐ **foreign** [fɔ́ːrən]	外国の	a foreign country で「外国」の意味。「国内の」は domestic と言う。
☐ **international** [ìntərnǽʃənl]	国際的な	類義語は global、反意語は national（自国の）や local（地元の）。
☐ **Japanese** [dʒæpəníːz]	日本の；日本人［語］の	名詞で使えば「日本語」。the Japanese とすれば、「日本人」になる。
☐ **English** [íŋgliʃ]	英語の；イングランド（人）の	名詞で使えば「英語」。「イギリス人の」は British を使う。

▼ 英会話フレーズ

- Is this medicine really **effective**?
  この薬は本当に効くんですか。

- I always get **nervous** before I give a speech.
  私はスピーチをする前はいつも緊張します。

- We need **professional** advice in management.
  私たちは経営の専門的なアドバイスが必要だ。

- He has a slightly **local** accent.
  彼は少し地元の訛りがある。

- Her **native** country is Ukraine.
  彼女の故国はウクライナです。

- I have never lived in any **foreign** countries.
  私は外国に住んだことがありません。

- She became an **international** actress.
  彼女は国際派女優になった。

- **Japanese** cuisine is popular all over the world now.
  日本食は今では世界中で人気だ。

- My major is **English** literature.
  私の専攻は英文学です。

7 天気を表す 8語

空模様 CD-1|43

▼ 使いこなすヒント

☐ **sunny** [súni]	晴れた；明るく日の射す	「晴れた」は clear、fine、bright、shiny などさまざまに表現できる。
☐ **cloudy** [kláudi]	曇った；曇りの	partly cloudy で「時々曇り」。天気予報では overcast（どんよりした）もよく使う。
☐ **rainy** [réini]	雨降りの；雨の多い	showery（にわか雨の）、drizzling（霧雨の）
☐ **snowy** [snóui]	雪の；雪の降る；雪の多い	It is a snowy day. で「今日は雪の降る日だ」。
☐ **dark** [dá:rk]	暗い	a dark day（暗い日）、a dark street（暗い通り）などもよく使う。

気温 CD-1|44

☐ **hot** [hát]	暑い；熱い	「ひどく暑い」には boiling や sizzling も使える。「蒸し暑い」は muggy。
☐ **warm** [wɔ́:rm]	暖かい	「心地よい暖かさ」を表す。他に mild や balmy も使える。
☐ **cold** [kóuld]	寒い；冷たい	「とても寒い」は chilly や freezing でも表せる。cool は「涼しい；少し寒い」。

> **会話の カギ** 天気を表す形容詞は基本的に〈It's ～ .〉の形で使えます。ここで収録する基本的なものだけでも日常会話はできますが、「使いこなすヒント」で応用表現も紹介しておきます。

▼ 英会話フレーズ

- It was a bright, **sunny** day.
  それは眩いばかりの、晴れた日でした。

- It's partly **cloudy** in Osaka today.
  今日の大阪は時々曇りです。

- The **rainy** season begins in early June.
  梅雨（雨期）は6月初旬に始まる。

- They got lost on a **snowy** mountain.
  彼らは雪山で遭難した。

- It's getting **dark**, so I have to go pretty soon.
  暗くなってきたので、そろそろお暇します。

- Summer in Tokyo is **hot** and humid.
  東京の夏は蒸し暑い。

- A **warm**, spring wind blew this afternoon.
  今日の午後は暖かい、春風が吹いた。

- It's very **cold**, maybe below zero.
  とても寒い、氷点下になっているだろう。

第2章 形容詞

8 数量を表す 14語

多い　　CD-1 45　　　　　　　▼ 使いこなすヒント

☐	**many** [méni]	多くの；たくさんの	数えられる名詞を修飾する。
☐	**more** [mɔ́ːr]	もっと多くの	many、much の比較級。
☐	**much** [mʌ́tʃ]	（量が）多くの；たくさんの	数えられない名詞を修飾する。much wine、much information など。
☐	**all** [ɔ́ːl]	すべての；全部の	all year round（一年中）、all day（一日中）
☐	**enough** [inʌ́f]	十分な；必要なだけの	enough money（十分なお金）のように限定用法でも使える。

On one cold day in December I met her.

> **会話の カギ** many と few は数えられる名詞に使い、much と little は数えられない名詞に使います。また、a few、a little は肯定的に「少しはある」、few、little は否定的に「ほとんどない」という意味です。

▼ 英会話フレーズ

- How **many** days will you stay in Tokyo?
  東京には何日滞在するのですか。

- The city plans to attract **more** visitors.
  市は訪問客をもっと増やす計画だ。

- I don't have **much** time now.
  今はあまり時間がありません。

- **All** the family members reunited for the first time in 10 years.
  家族全員が 10 年ぶりに集まった。

- Even this amount is **enough** for me.
  これだけの量で十分です。

第 2 章 形容詞

少ない　CD-1 | 46

☐	**one** [wʌ́n]	1つの； (過去の) ある〜	one day で「ある日」。
☐	**few** [fjúː]	少しの；いくつかの	a few で「少しの〜」、few 単独なら「ほとんど〜ない」。
☐	**some** [sʌ́m]	いくつかの；いくらかの	数えられる名詞、数えられない名詞のどちらも修飾できる。

特殊な数量表現　CD-1 | 47

▼ 使いこなすヒント

☐	**each** [íːtʃ]	それぞれの；各〜	every よりも個別性を強調する。each and every で「どの〜も」。
☐	**every** [évri]	毎〜；〜ごとに	every day (毎日)、every 20 minutes (20分ごとに)
☐	**another** [ənʌ́ðər]	もう1つ [1人] の；別の	元々 an other だったが、くっついて1つの単語になった。
☐	**other** [ʌ́ðər]	他の；別の	「2つのうちのもう一方の」と言うときは定冠詞を付けて the other とする。
☐	**no** [nóu]	少しの〜もない；1つの〜もない；誰も〜ない	not any と同意。何かが逆であることも表せる。He is no fool.(彼はばかじゃない)
☐	**any** [éni]	(疑問文で) いくつかの；(否定文で) 何も (〜ない)；(肯定文で) どんな〜でも	否定文では not any 〜で「1つの〜もない」になるので注意。

- On **one** cold day in December I met her.
  12月のある寒い日、私は彼女に出会った。

- I will reply in a **few** days.
  2、3日でお返事します。

- We've been working together for **some** twenty years.
  私たちは20何年間一緒に働いています。

▼ 英会話フレーズ

- **Each** order has a tracking number.
  それぞれの注文品には追跡番号が割り振られています。

- A bus leaves from here **every** hour.
  バスは1時間に1本ここから出発する。

- I have **another** appointment tonight.
  今晩は別の約束がありまして。

- Do you have any **other** ideas?
  他のアイデアは何かありませんか。

- I have **no** complaints about this.
  これについて異論はありません。

- Please feel free to ask me if you have **any** questions.
  質問がありましたら、ご遠慮なくお聞きください。

9 指示形容詞・疑問形容詞 8語

指示形容詞　CD-1 | 48　▼ 使いこなすヒント

☐	**this** [ðís]	この	話し手から空間的・心理的に近いものを指すときに使う。
☐	**these** [ðíːz]	これらの	this の複数形。
☐	**that** [ðǽt]	あの；その	話し手から空間的・心理的に遠いものを指すときに使う。
☐	**those** [ðóuz]	あれらの；それらの	that の複数形。those who ~で「~する人々」を表す。
☐	**such** [sʌ́tʃ]	そんなに (such (a/an) + 名詞)	such の次が不可算名詞のときは a/an は不要。such information

疑問形容詞　CD-1 | 49

☐	**what** [hwʌ́t]	何の；どんな	〈What ~〉で「何の~」という疑問文をつくる。What price（どれくらいの値段）、What problem（どんな問題）
☐	**which** [hwítʃ]	どの；どちらの	〈Which ~〉で複数のものから「どの~」という選択を問う疑問文をつくる。
☐	**whose** [húːz]	だれの	例文は忘れ物などを指摘するときなどに使える。

会話のカギ 指示形容詞は近いものを this（単数）、these（複数）で表し、遠いものを that（単数）、those（複数）で表します。近い・遠いは話し手からの空間的・心理的な距離により決まります。

▼ 英会話フレーズ

- **This** cup is mine.
  このカップは私のものです。

- **These** flowers are a present from my boyfriend.
  これらの花はボーイフレンドからのプレゼントなんです。

- Can you show me **that** camera?
  そのカメラを見せてもらえますか。

- Where have **those** birds come from?
  あれらの鳥はどこから来たのだろう？

- I've never met **such** a wonderful person as him.
  彼のようなすばらしい人には出会ったことがない。

- **What** kind of music do you like?
  どんな音楽が好きですか。

- **Which** scarf would you prefer, navy or purple?
  紺と紫、どちらのスカーフがよろしいですか。

- **Whose** wallet is this?
  これはだれの財布なの？

第2章 形容詞

とっておき中学英単語 ② afraid

I'm afraid (that) は、自分があまり言いたくないことを言うときのクッションの役割をする便利なフレーズです。ストレートな口調を避け、丁寧な言い方になります。

I'm afraid I don't have time now.
（すみませんが、今は時間がありません）

I'm afraid I have to disagree.
（申し訳ありませんが、賛成できかねます）

相手の質問に対して、ネガティブに応じるときには I'm afraid not. が使えます。

Do you think she'll come today?—I'm afraid not.
（彼女は今日来ると思いますか——来ないんじゃないかな）

I'm afraid I have to disagree.

第3章

中学副詞

84語

副詞とは動詞や形容詞などに副次的な意味を添える役割をします。中学副詞は頻繁に文の中に組み込まれて使うものばかりです。空間、時間、状況など用途に分けて紹介します。会話フレーズの中で用法を身につけておきましょう。

CD-1|50 ～ CD-1|67

副詞は位置に注意

◎ 副詞の役割

「副詞」とは、その名前通り、さまざまな言葉を修飾して「副次的な意味を添える」役割をします。副詞は動詞や形容詞、副詞を修飾できるほか、文全体を修飾することもできます。

他にも動詞と組み合わさって句動詞をつくったり、名詞などと組み合わさってイディオムをつくったりします。

◎ 文の中での位置

副詞の位置は、他の品詞にくらべて比較的自由です。副詞が置ける位置は、「形容詞・副詞の前後」「文頭」「文末」「一般動詞の前」「助動詞・be動詞の後ろ」が基本的なルールです。

◎ スペルの特徴

中学単語の副詞は基本的なものが多いので見かけはばらばらで、1つひとつ覚えていくのが基本です。形容詞に -ly が付いて副詞になるパターンは中学単語にも見られます。final（最後の）＋ -ly ＝ finally（最後に；結局）。他に way(s) を付ける anyway（とにかく）、always（いつも）などがあります。

使いこなしのヒント

ひとくちに副詞と言っても、種類はさまざまです。本書では副詞を種類別に分類して収録していますので、まずそれぞれのグループの特徴を押さえましょう。「空間の副詞」、「時間の副詞」、「限定の副詞」などグループで使い方を身につけましょう。

副詞の位置は自由度が高いので、フレーズで覚えることが欠かせません。「文頭」「文末」「一般動詞の前」「助動詞・be動詞の後ろ」といったルールを頭で知っているだけでは不十分です。短いフレーズを何度も言ってみて、基本のパターンを頭に刷り込んでしまいましょう。

文頭に置く

Actually I'm married.
(実は私は結婚しているんです)

文末に置く

I'll meet her **tonight**.
(私は今夜、彼女に会います)

一般動詞の前に置く

I **usually** go to work by bike.
(私はふつうは自転車で通勤します)

助動詞・be動詞の後ろに置く

I'm **still** waiting.
(私はまだ待っていますよ)

第3章　副詞

I'm still waiting.

1 空間を表す 18語

ここ・そこ　CD-1|50

▼ 使いこなすヒント

- □ **here** [híər]　ここに［へ、で］　Here it is. は「はい、どうぞ」と何かを差し出すときに使う。

- □ **there** [ðéər]　そこに［で］　空間的・心理的に遠いところを示す。I'll be right there.(今そちらに行きます)

上・下　CD-1|51

- □ **up** [áp]　上の方へ；高い方へ　What's up? で「どうしてる?」という近況をたずねる質問になる。

- □ **down** [dáun]　下の方へ；下へ［に］；下がって　犬に向かって Down! と言えば「お座り!」。

- □ **below** [bilóu]　以下に；下記に　数・量が「〜以下で」の意味でも使う。It's 10 degrees below. (零下10度です)

内・外　CD-1|52

- □ **inside** [ínsàid]　内側に；中に；内部へ　inside out で「内も外も」→「すべて」、inside of a week で「1週間以内に」。

- □ **outside** [áutsàid]　外で［へ］；戸外で　eat outside で「屋外で食べる」、eat out なら「外食する」。

- □ **out** [áut]　外に［へ］　out of で「〜の外へ」「〜から離れて」などを表す。out of town (不在にして)。

> **会話の カギ** 場所や位置を示したり、遠近、内外を示したりする基本的な副詞です。here/there、up/down、inside/outside など組み合わせて覚えておくと使いやすいでしょう。

▼ 英会話フレーズ

- **Here** is a little something for you.
  ちょっとしたものですが、どうぞ。

- Look. There's a baby deer over **there**.
  ほら。あそこに子鹿がいるよ。

- The economy should pick **up** this year.
  今年は景気がよくなるだろう。

- The sun started to go **down**.
  太陽が落ち始めた。

- Please refer to the table **below**.
  以下の表を見てください。

- She knows Manhattan **inside** out.
  彼女はマンハッタンのすべてを知っている。

- Go **outside** and play.
  (子供に)外で遊んでらっしゃい。

- Let me **out** here please.
  (タクシーなどで)ここで降ろしてください。

第3章 副詞

遠近　　CD-1｜53　　▼ 使いこなすヒント

☐	**far** [fɑ́ːr]	遠く（に）	far from は「決して〜ではない」というイディオムでも使う。
☐	**away** [əwéi]	離れて；去って；遠くに	He is away now. なら「彼は今、留守にしています」となる。
☐	**home** [hóum]	家に；故郷に；本国に	I'm home! で、帰宅したときの「ただいま」という挨拶になる。
☐	**abroad** [əbrɔ́ːd]	外国で［に、へ］	travel abroad（海外旅行をする）、study abroad（留学する）

方向　　CD-1｜54

☐	**off** [ɔ́f]	離れて；去って	turn off（電源などを切る）、get off（乗り物などから降りる）も覚えておこう。
☐	**back** [bǽk]	戻って；もとの所へ；返して；後ろへ	I'll be back later. で「また後でね」。
☐	**over** [óuvər]	（越えて）向こうへ；渡って	move over は「席を詰める」の意。over there で「向こうに」、all over で「一面に」。
☐	**forward** [fɔ́ːrwərd]	前方に；先へ	look forward to で「〜を楽しみに待つ」という常用表現。
☐	**straight** [stréit]	まっすぐに	道案内の必須語。go straight で「まっすぐ進む」。
☐	**around** [əráund]	あちこち；ぐるりと（回って）；周りを	look around（見回す）、get around（歩き回る）、turn around（方向を変える）

▼ 英会話フレーズ

- My apartment is **far** from the subway station.
  私のアパートは地下鉄の駅から遠い。

- The shopping mall is only a five-minute walk **away**.
  ショッピングモールまでは徒歩5分の距離です。

- Meg will go **home** at Christmas.
  メグはクリスマスに帰国します。

- My dream is to teach **abroad**.
  私には海外で教えたいという夢がある。

- I'll take a day **off** tomorrow.
  明日は休みです。

- The dog looked at me and moved **back**.
  犬は私を見ると、後ずさりした。

- Do you mind moving **over**?
  席を詰めていただけますか。

- I look **forward** to working with you.
  一緒にお仕事することを楽しみにしています。

- Go **straight** and you'll find it on your left.
  まっすぐ行けば、左側にありますよ。

- I heard my name called and looked **around**.
  自分の名前が呼ばれたので、見回した。

2 時間を表す 27語

頻度　　　CD-1|55　　　▼ 使いこなすヒント

☐	**always** [ɔ́ːlweiz]	いつも；常に	例文のように100%確実でなくても使える。at all times が類義の表現。
☐	**usually** [júːʒuəli]	ふつう；いつもは；たいてい	always より確実性はやや低い。normally などが類義の表現。
☐	**often** [ɔ́ːfən]	よく；しばしば；しょっちゅう	How often ～？で頻度を聞く疑問文をつくる。
☐	**sometimes** [sʌ́mtàimz]	ときどき；ときには	often より頻度が少ない。occasionally や at times が類義の表現。
☐	**never** [névər]	決して～ない；今まで（一度も）～ない	現在完了の否定文で経験がないことを表す。

時点　　　CD-1|56

☐	**now** [náu]	今；現在（では）；（文頭で）さて	話の切り出しでは、Now, let's get back to work.（さあ、仕事に戻ろう）のように使える。
☐	**then** [ðén]	それから；その次に；その後；それでは	She was away then. なら「彼女はそのときは不在だった」。
☐	**once** [wʌ́ns]	1度；以前（は）	「2度」は twice、「3度」以上は〈～ times〉で表す。
☐	**again** [əɡéin]	再び；もう一度；（否定文で）二度と	Come again? で「もう一度言ってください」という常用表現。
☐	**ago** [əɡóu]	（今から）～前に	ago は過去形で用い、現在完了形では用いない。

> **会話の カギ** 頻度を表す副詞は、頻度の高い順に always ＞ usually ＞ often ＞ sometimes ＞ seldom ＞ never となります。always を使うか usually を使うかは主観的な判断にもよります。

▼ 英会話フレーズ

- I **always** have a drink with friends on Friday.
  金曜はいつも友人と一杯やる。

- **Usually** my husband drives the kids to school.
  いつもは夫が子供たちを学校に送っていきます。

- We **often** eat out on weekends.
  私たちは週末によく外食します。

- You should **sometimes** stop and look around.
  ときどきは立ち止まって、周りを見回しなさい。

- I've **never** been to Venice.
  ベネチアには行ったことがありません。

- I'm on my way **now**.
  今、向かっているよ。

- **Then** what happened?
  それで、どうしたの？

- I've been to Britain **once**.
  イギリスには1度行ったことがあります。

- Nice to see you **again**.
  またお会いできてうれしいです。

- I started my own business ten years **ago**.
  私は10年前に自分のビジネスを始めました。

日時　CD-1 | 57　▼ 使いこなすヒント

☐	**today** [təcéi]	今日（は）	「現代では」「昨今では」という意味でも使える。
☐	**tomorrow** [təmɔ́:rou]	明日（は）	「明後日」は the day after tomorrow と言う。
☐	**tonight** [tənáit]	今夜（は）	「昨夜」は last night。
☐	**yesterday** [jéstərdèi]	昨日（は）	「一昨日」は the day before yesterday。
☐	**a.m.** [éiém]	午前	a.m. は before midday、p.m. は after midday のこと。
☐	**p.m.** [pí:ém]	午後	

前後関係　CD-1 | 58

☐	**still** [stíl]	まだ；今でも	ふつうは肯定文で用いる。否定文での「もう～ない」は no longer で表す。
☐	**already** [ɔ:lrédi]	すでに；もう	完了形のほか、過去形、現在形、現在進行形でも用いることができる。
☐	**before** [bifɔ́:r]	以前に；すでに	完了形では ago は使わず、before を使う。
☐	**ever** [évər]	（疑問文で）これまでに	ever を使って過去の経験を問うことができる。
☐	**yet** [jét]	（否定文で）まだ（～しない）；（疑問文で）もう	否定の応答として Not yet. (まだです) をよく使う。

▼ 英会話フレーズ

- Where shall we go **today**?
  今日はどこに行こうか。

- It will be rainy **tomorrow**.
  明日は雨になるでしょう。

- I have no plans **tonight**.
  今夜は予定がありません。

- I bought this tablet computer **yesterday**.
  昨日、このタブレットを買ったんです。

- Our shop is open from 7 **a.m.** to 10 **p.m.**
  当店は午前7時から午後10時まで営業しています。

- I **still** have some work to finish.
  まだ終えなければならない仕事があるんです。

- It's **already** half past 11.
  もう11時半だ。

- Haven't we met somewhere **before**?
  以前どこかでお会いしていませんか。

- Have you **ever** heard of this phrase?
  このフレーズを聞いたことがありますか。

- Are you ready **yet**?
  もう準備できましたか。

▼ 使いこなすヒント

☐ **soon** [súːn]	すぐに；間もなく；近いうちに	sooner or later で「遅かれ早かれ」。
☐ **quickly** [kwíkli]	急いで；速く；すぐに	「すぐに」の意味では、You should go quickly.（すぐに行ったほうがいいよ）。
☐ **early** [ə́ːrli]	（時期的に）早く	as early as possible（できるかぎり早く）は会話でよく使うのでこの形で覚えたい。
☐ **later** [léitər]	後で；のちに	See you later. で「また、後で」という別れの挨拶。
☐ **next** [nékst]	次に；今度	最上級を使って「2番目に〜」を表せる。the next youngest after Ron（ロンの次に若い）
☐ **finally** [fáinəli]	ついに；結局；最後に	「ついに」の意味では at last、「結局」では eventually、「最後に」では lastly が類義語。

The year has passed quickly.

▼ 英会話フレーズ

- How **soon** can you get here?
  どれくらいでこちらに来られますか。

- The year has passed **quickly**.
  1年は足早に過ぎ去った。

- Could you finish it as **early** as possible?
  できるかぎり早く仕上げてもらえませんか。

- I'll call you back **later**.
  後で電話します。

- When can I see you **next**?
  次はいつお会いできますか。

- **Finally** I accepted her decision.
  最後には彼女の決断を認めました。

第3章 副詞

3 状況を表す 9語

数量　CD-1|59

▼ 使いこなすヒント

□ **much** [mátʃ]	とても；たいへん	形容詞・副詞の比較級、最上級を強調できる→「ずっと；はるかに」。
□ **little** [lítl]	ほとんど~ない	副詞で単独で使うと「ほとんど~ない」という頻度を表す。
□ **all** [ɔ́ːl]	まったく；すっかり；すべて	all right, all over (いたるところに)、all together (みんなが一緒に) など決まった形でよく使う。
□ **alone** [əlóun]	一人で	I live alone. なら「一人暮らしをしている」。
□ **together** [təgéðər]	一緒に	ふつうは動詞の後ろに置く。

速度　CD-1|60

| □ **fast** [fǽst] | 速く | 「深く」という意味で He is fast asleep. (彼はぐっすり眠っている) とも言える。 |
| □ **slowly** [slóuli] | ゆっくり；遅く | Make haste slowly. で「ゆっくり急げ」→「急がば回れ」。 |

様態　CD-1|61

| □ **easily** [íːzili] | 簡単に；たやすく | More easily said than done. で「言うはやすし、行うは難し」。 |
| □ **hard** [hάːrd] | 熱心に；一生懸命に | work hard で「懸命に働く」。 |

> **会話の カギ** 状況を表す副詞の多くは、他の言葉と一緒になって決まった表現をつくります。all right（大丈夫で）、a day off（休みで）、over there（向こうに）など、よく使う形で覚えておきましょう。

▼ 英会話フレーズ

- I like surfing and climbing very **much**.
  私はサーフィンとクライミングが大好きです。

- This bird is **little** seen in northern Japan.
  この鳥は北日本ではほとんど目にしない。

- I'm **all** right, thanks.
  私は大丈夫です。ありがとう。

- I always travel **alone**.
  私はいつも一人旅をします。

- Jan and I studied **together** at Harvard.
  ヤンと私はハーバードで一緒に勉強した。

- Don't drive too **fast**.
  あまり速く運転しないで。

- Could you speak a little more **slowly**?
  もう少しゆっくり話していただけませんか。

- She passed the test **easily**.
  彼女はその試験に簡単に通った。

- Work **hard** and you can get results.
  懸命に働けば、結果がついてくるでしょう。

第3章 副詞

4 限定する 8語

CD-1 | 62

単語	意味	▼ 使いこなすヒント
so [sóu]	そんなに；（前述の言葉を指す）そのように；非常に	Not so bad. で「（それほど）悪くない」という表現。
only [óunli]	ただ〜だけ；わずか	形容詞では「唯一の」の意味。an only child（一人っ子）。
almost [ɔ́:lmoust]	ほとんど	almost と nearly では almost のほうが接近の感じが強く出せる。
also [ɔ́:lsou]	〜もまた；さらに；同様に	文尾に置くこともできる。
else [éls]	（その）ほかに［の］	疑問詞や something、anything、somewhere などの後に付けて使う。
first [fə́:rst]	最初に；第1に	First come, first served. で「先着順」という決まり文句。
second [sékənd]	第2に；次に	論点の説明で、First, ... Second, ... Third ... と使って、順番を示すことができる。
third [θə́:rd]	第3に	

> **会話のカギ** so は会話で活躍する便利な副詞です。程度を表して「そんなに」と言ったり、相手の言葉を「そのように」と受けたり、「非常に」と強調したり、「それで」と文と文をつなぐこともできます。

▼ 英会話フレーズ

- I also think **so**.
  私もそう思います。

- He is still **only** in his early forties.
  彼はまだ40代のはじめですよ。

- I **almost** died in the accident.
  私はその事故で危うく命を落とすところでした。

- My hobby is scuba diving **also**.
  私の趣味もスキューバダイビングです。

- Is there anything **else** you'd like?
  他に何か欲しいものがありますか。

- **First**, I want to express special thanks to you all.
  まず皆さんに心から感謝したいと思います。

- I'll speak **second** in the reception.
  私は披露宴で2番目にスピーチします。

- She finished **third** in the marathon.
  彼女はそのマラソン大会で3位になった。

第3章 副詞

5 疑問・肯定・否定 9語

		▼ 使いこなすヒント
☐ **how** [háu]	どれだけ；どの程度；どんなふうで；どうやって	How are you guys doing? で「皆さん元気ですか」。
☐ **when** [hwén]	いつ	Say when. は「いいところで言ってくれ」という意味で、お酒などを注ぐときに相手に言う。
☐ **where** [hwéər]	どこに［で］	Where are we? なら「ここはどこですか」という質問になる。
☐ **why** [hwái]	なぜ；どうして	Why don't you ～ ? で「～しませんか」という勧誘表現。
☐ **yes** [jés]	はい；ええ；そうです	Yes, of course.(はい、いいですよ)、Yes, please.(はい、お願いします)で承諾の応答になる。
☐ **no** [nóu]	いいえ；違います；ううん	副詞では否定辞として使う。no longer (もはや～ない)、no more (これ以上～ない) の用法もある。
☐ **not** [nát]	～でない；～ない（否定を表す）	not at all (まったく～ない)、not only ～ but also ... (～ばかりでなく…もまた) も覚えておこう。
☐ **well** [wél]	上手に；うまく	Well done! は「よくやった！」「さすがだね！」という意味の褒め言葉。
☐ **sure** [ʃúər]	（返事として）いいとも；もちろん；ええ	Sure. で強い同意を示す。Oh, sure. は Thank you. に対する応答。

会話の カギ 副詞として使う疑問詞と、質問に対する肯定・否定に使う副詞をまとめて練習しましょう。How や Why は慣用的な表現を覚えておくと会話で活躍します。

▼ 英会話フレーズ

- **How** are you doing recently?
  最近、いかがお過ごしですか。

- **When** will you leave?
  いつ出発しますか。

- **Where** are you staying in Tokyo?
  東京ではどこに泊まっているのですか。

- **Why** don't you join us for lunch?
  一緒にランチに行きませんか。

- **Yes**, I'm OK.
  ええ、私は大丈夫ですよ。

- **No**, sorry, I think you have the wrong person.
  違います。人違いだと思いますよ。

- I'm **not** Korean but Japanese.
  私は韓国人ではなく日本人です。

- You played very **well**!
  君たちはよく戦った！

- **Sure**, I promise.
  もちろん、約束するよ。

6 強調・比較・つなぎ・ていねい　13語

強調　CD-1|64　▼ 使いこなすヒント

☐	**very** [véri]	とても；たいへん；非常に	not very ～で、「それほどでも～ない」という意味になる。
☐	**just** [dʒʌ́st]	たった今（現在完了）；ただ；ちょっと	例文は「ほんの少し前」の意味を表す。
☐	**really** [ríːəli]	本当に	1語で Really? なら、上昇調で「関心・疑い」を、下降調で「同意・非難」を表す。
☐	**too** [túː]	～もまた；同様に；～すぎる	「(あまりにも)～すぎる」の意味では〈too ＋ 形容詞・副詞〉の形をとる。
☐	**especially** [ispéʃəli]	特に；とりわけ	強調する用法と、例文のように具体例を導く用法がある。
☐	**even** [íːvən]	～でさえ	一般的に、強調する語句の前に置く。

比較　CD-1|65

☐	**better** [bétər]	よりよく	well の比較級。had better (～しなくてはいけない) も覚えておこう。
☐	**best** [bést]	もっともよく；一番に	well の最上級。like best で「一番好き」と言える。
☐	**more** [mɔ́ːr]	(～より) もっと；いっそう	比較級で more を付けるのは形容詞や副詞の2音節語の大多数と3音節以上の語。
☐	**most** [móust]	最も；一番	最上級をつくる。most of all で「何よりも；とりわけ」。

> **会話のカギ** very、just、really などの強調の副詞は会話の中で頻繁に使われます。自分が言いたい言葉に相手の注意を向けさせる機能をもち、会話をメリハリの効いたものにできます。

▼ 英会話フレーズ

- I got up **very** early this morning to go jogging.
  今朝はジョギングのためとても早く起きた。

- I have **just** finished my lunch.
  私は昼食を終えたばかりです。

- Do you **really** want to break up with him?
  あなたは本当に彼と別れたいの？

- I'm against the proposal, **too**.
  私もその提案に反対です。

- I like classical music, **especially** Baroque.
  私はクラシック音楽が、特にバロックが好きです。

- He wears a suit **even** when going to a convenience store.
  彼はコンビニに行くときにもスーツを着ている。

- I feel much **better** now.
  ずいぶん気分がよくなりました。

- These are the sweets I like **best**.
  これが私の一番好きなスイーツです。

- Passion is **more** important than talent.
  才能よりも情熱のほうが大切だ。

- Prague is one of the **most** beautiful cities in Europe.
  プラハはヨーロッパで最も美しい都市の1つです。

第3章 副詞

つなぎ言葉　CD-1|66　　▼使いこなすヒント

☐ **actually**　実は；実際には　　新しい情報を示したり、言い訳・軽い驚きを表したりするときによく用いる。
[ǽktʃuəli]

☐ **however**　しかしながら；けれども　　逆接のつなぎ言葉で、文中に挿入されることも多い。
[hauévər]

ていねい　CD-1|67

☐ **please**　どうぞ；すみませんが　　依頼をするときには、Could you ～? などの依頼フレーズを使うほうが丁寧。
[plíːz]

*These are the sweets
I like best.*

▼ 英会話フレーズ

- **Actually**, I think differently.
  実は私は違ったふうに考えています。

- He did his best on the test. **However**, he didn't pass.
  彼はテストにベストを尽くした。だが、受からなかった。

- **Please** have a seat.
  どうぞお座りください。

とっておき中学英単語 ③ just

justは「たった今」という完了形とともに使う用法のほか、「ほんの〜だけ」と限定したり、「実に；まったく」と強調したりする用法があります。

お店で I'm just looking. と言えば、「見ているだけです〈限定〉」と、買う意志のないことを店員に伝えられます。

Just do it. は「やってみなさい〈強調〉」と、相手を鼓舞するフレーズです。

That's just it. で「それだよ〈強調〉」と、相手の話が核心を突いていることを示します。That's just about it. なら「それだけの話さ〈限定〉」と、たいしたことでないことを表明します。

Just do it.

第4章
中学名詞
424語

名詞はモノやコトの具体的な内容を表します。つまり、名詞によって会話の話題を表現できるわけです。名詞をたくさん知っていることは話題が豊富であるということです。中学名詞の知らないものをおさらいして、知っているものは話せるようにしましょう。

CD-1|68 〜 CD-2|31

名詞は話題をつくる

⊙ 名詞の役割

「名詞」とは、モノやコトの名前を指す言葉です。動物や事物などの具体的なものから、夢や感情などの抽象的なものまであります。文の要素としては、主語や目的語、補語になります。また、前置詞に続けることができます。

⊙ さまざまな名詞

名詞を種類に分けると、dog や flower などの「普通名詞」、family や class などの「集合名詞」、Japan や Mt. Fuji などの「固有名詞」、money や water などの「物質名詞」、success や news などの「抽象名詞」などがあります。

⊙ 数えられる・数えられない

名詞には数えられるもの（可算名詞）と数えられないもの（不可算名詞）があります。普通名詞は基本的に数えられますが、物質名詞や抽象名詞は数えられないものが大半です。ただし、success や experience などは、数える場合と数えない場合があり、一様ではありません。辞書を引くと、数えられる名詞は C (= Countable)、数えられない名詞は U (= Uncountable) と表示されています。

使いこなしのヒント

中学の名詞の多くは具体的なものを指しますから、覚えるのは簡単です。「bed ＝ベッド」というように、「英語＝日本語」で一対一の対応で覚えられるものもたくさんあります。ただ、簡単な名詞でも keep house で「家事をする」となったり、big mouth で「おしゃべり」となったり、言葉の組み合わせにより特殊な意味をもつものもあります。また、room のように、「部屋」という意味のほか、「空間」「（～をする）余地」など複数の大切な意味をもつ名詞もあります。

⊙ 名詞を知れば、話題が広がる

　名詞はモノやコトを表すので、会話では具体的な話題をつくります。つまり、知っている名詞の数が多くなればなるほど、それだけ話題が豊富になることを意味します。ただ、会話で使うには、実際に自分で発音しなければなりません。まず本書で、中学の名詞をすべて発音できるようにしておきましょう。

名詞と文の要素

↓主語　　　↓目的語　　　↓前置詞の後

I met my friend at the station.
（私は駅で友人に会った）

　　　　↓主語　　↓補語

My hobby is fishing.
（私の趣味は釣りです）

数えられる名詞

単数　　**a flower**
複数　　**flowers**

数えられない名詞

数える場合　　**a bottle of water**　　**two sheets of paper**
　　　　　　　　（1瓶の水）　　　　　　　　（2枚の紙）

多い場合　　○ **a lot of news**　　× **many news**
　　　　　　　（たくさんのニュース）

第4章　名詞

1 家・家族 36語

家 CD-1 | 68

▼ 使いこなすヒント

☐	**house** [háus]	家；家屋	keep house（家事をする）
☐	**housework** [háuswə̀ːrk]	家事	do the housework（家事をする）
☐	**home** [hóum]	家；家庭；故郷	feel at home は「家にいるように感じる」→「くつろぐ」。
☐	**room** [rúːm]	部屋；ルーム	rooms for rent（貸部屋）
☐	**floor** [flɔ́ːr]	階；床	sweep a floor（床を掃く）
☐	**door** [dɔ́ːr]	ドア；扉	shut a door（ドアを閉める）
☐	**window** [wíndou]	窓	do windows（窓掃除をする）
☐	**roof** [rúːf]	屋根；屋上	a tiled roof（瓦屋根）
☐	**table** [téibl]	テーブル	sit at (the) table で「食卓につく」の意味も表せる。
☐	**desk** [désk]	机；デスク	a front desk（受付）
☐	**chair** [tʃέər]	椅子	sit in a chair（椅子に腰掛ける）

会話のカギ 家と家族の単語はだれもが知っている基本的なものばかりです。keep house（家事をする）、feel at home（くつろぐ）などの表現も含めて、会話で使えるようにしましょう。

▼ 英会話フレーズ

- **The children help me keep house.**
  子供たちが家事を手伝ってくれます。

- **We share housework.**
  家事は分担しています。

- **Please feel at home.**
  どうぞおくつろぎください。

- **My room is on the third floor.**
  私の部屋は3階にあります。

- **Don't forget to shut the door of your room.**
  自分の部屋のドアを閉めるのを忘れないで。

- **May I open the window?**
  窓を開けてもいいですか。

- **Look. Tama is on the roof.**
  見て。タマが屋根の上にいる。

- **All the members were sitting at the table when I arrived.**
  私が到着したときには、メンバー全員が席についていた。

- **Ask at the front desk for a cab.**
  フロントでタクシーを呼んで。

- **These chairs are made in Italy.**
  これらの椅子はイタリア製です。

第4章 名詞

			▼ 使いこなすヒント
☐ **seat** [síːt]	席；座席；すわる物［所］		an aisle seat（通路側の席）。「窓側の席」は a window seat。
☐ **kitchen** [kítʃən]	台所；調理場		kitchen garbage（生ごみ）
☐ **bath** [bǽθ]	風呂；入浴		take a bath（お風呂に入る）、give ~ a bath（~をお風呂に入れる）
☐ **bed** [béd]	ベッド		go to bed（寝る）
☐ **life** [láif]	生活；暮らし；人生		way of life（ライフスタイル）
☐ **clock** [klάk]	置き時計；掛け時計		set a clock（時計を合わせる）
☐ **power** [páuər]	力；電力		generate power（発電する）

家族　　CD-1│69

☐ **family** [fǽməli]	家族		個々の家族のことは family member と言う。
☐ **grandma** [grǽndmàː]	おばあちゃん		grandmother の親しみをこめた呼び方。
☐ **parent** [péərənt]	親		「両親」と言うときには複数にする。
☐ **dad** [dǽd]	パパ；お父さん		お父さんのことを、幼児は dada、小さな子供は daddy と呼ぶ。

▼ 英会話フレーズ

- I'd like an aisle **seat**.
  通路側の席をお願いします。

- **Kitchen** garbage must be put out Tuesday and Friday.
  生ごみは火曜日と金曜日に出してね。

- Give my dog Buddy a **bath**.
  バディーをお風呂に入れてあげて。

- Go to **bed** now.
  もう寝なさい。

- After the confrontation, we became friends for **life**.
  その対立の後、私たちは生涯の友になった。

- Did you set an alarm **clock**?
  目覚まし時計をセットしましたか。

- We have been saving **power** after the quake.
  地震の後、私たちは節電をしています。

- How many are there in your **family**?
  あなたのところは何人家族ですか。

- My **grandma** is still in good health.
  おばあちゃんは健在です。

- My **parents** live in the countryside.
  両親は田舎に住んでいます。

- **Dad**, let's play catch.
  パパ、キャッチボールをしようよ。

▼ 使いこなすヒント

☐ **wife** [wáif]	妻；奥さん	husband（夫）。「配偶者」は spouse と言う。
☐ **daughter** [dɔ́:tər]	娘	「息子の妻；嫁」は daughter-in-law と言う。

［家族のメンバー］ CD-1│70

☐ **father** [fá:ðər]　お父さん；父親

☐ **mother** [mʌ́ðər]　お母さん；母親

☐ **mom** [mám]　ママ；お母さん
  ＊ mommy や ma は幼児語。

☐ **son** [sʌ́n]　息子

☐ **brother** [brʌ́ðər]　兄弟；兄；弟
  ＊ big [older] brother（兄）、little [younger] brother（弟）

☐ **sister** [sístər]　姉妹；姉；妹

☐ **grandparent** [grǽndpɛ̀ərənt]　祖父母；祖父；祖母
  ＊「祖父母」と言う場合には grandparents と複数形にする。

☐ **grandfather** [grǽndfà:ðər]　祖父；おじいさん

☐ **grandmother** [grǽndmʌ̀ðər]　祖母；おばあさん

☐ **uncle** [ʌ́ŋkl]　おじ

☐ **aunt** [ǽnt]　おば

☐ **cousin** [kʌ́zn]　いとこ
  ＊「おい」は nephew、「めい」は niece。

▼ 英会話フレーズ

- My **wife** also works.
  妻も働いています。

- My **daughter** likes playing house.
  娘はおままごとが好きです。

My daughter likes playing house.

第4章 名詞

2 人・職業 47語

人・人間関係　CD-1|71

▼ 使いこなすヒント

	単語	意味	ヒント
☐	**friend** [fréndd]	友達	close [good] friend で「親友」。make friends で「友人になる」。
☐	**classmate** [klǽsmeit]	同級生；クラスメート	「クラス会；同窓会」は reunion と言う。
☐	**people** [pí:pl]	人々；国民	「国民」と言う場合はその国に特定されるので the を付ける。
☐	**person** [pə́:rsn]	人；個人	the last person で「～する最後の人」→「～するような人ではない」。
☐	**group** [grú:p]	グループ；集団；団体	例文はレストランなどで人数を告げるときに使う。
☐	**member** [mémbər]	一員；メンバー	be a member of ～で「～の一員である」。「メンバー資格」は membership。
☐	**fan** [fǽn]	ファン	「～のファン」は〈～ fan〉か〈fan of ～〉で表す。
☐	**visitor** [vízitər]	訪問者；観光客；宿泊客	「来客」からホテルの「宿泊客」まで幅広い訪問者を表す。
☐	**volunteer** [vàləntíər]	ボランティア；志願者	動詞として使えば「進んでする」の意味。volunteer for the job (進んでその仕事をする)
☐	**Mr.** [místər]	（男性に）～さん；～氏	もともとは master (家長) の略語。
☐	**Mrs.** [mísiz]	（既婚の女性に）～さん；～夫人	もともとは mistress (女主人) の略語。

> **会話のカギ** 人の呼び方と職業の単語を紹介します。「親友」「優等生」「おまわりさん」は何と言うでしょうか。a close friend、a straight A student、officer です。

▼ 英会話フレーズ

○ Jasmine is my close **friend**.
ジャスミンは私の親友です。

○ I met some old **classmates** of mine at the reunion.
クラス会で古いクラスメートたちに会った。

○ Most of the **people** don't support tax raises.
国民の多くは増税を支持していない。

○ He is the last **person** who would do such a thing.
彼はそんなことをする人ではない。

○ We are a **group** of five.
私たちは5人です。

○ I'm a **member** of a photography club.
私は写真クラブに入っています。

○ I've been a loyal Barcelona **fan** for over ten years.
私は10年以上一貫して、バルセロナのファンです。

○ Our city has a lot of **visitors** from abroad.
私たちの市には外国からの訪問客が大勢訪れる。

○ He works as a **volunteer** every Sunday.
彼は毎日曜日にボランティアとして働く。

○ **Mr.** and **Mrs.** Powell, welcome to tonight's party.
パウエルご夫妻、今夜のパーティーにようこそ。

第4章 名詞

[子供・男女] CD-1 | 72

- **baby** [béibi]　赤ちゃん
- **boy** [bɔ́i]　男の子；少年
- **child** [tʃáild]　子供
- **children** [tʃíldrən]　子供たち（child の複数形）
- **girl** [gɔ́ːrl]　女の子
- **lady** [léidi]　婦人；淑女；女性
- **man** [mǽn]　男性；男の人
- **woman** [wúmən]　女性；女の人
- **Ms.** [míz]　（女性に）～さん
  *未婚・既婚に関係なく成人の女性に対して用いる。

職業　CD-1 | 73　▼ 使いこなすヒント

☐	**president** [prézədənt]	大統領；社長	日本などの「首相」は prime minister。
☐	**scientist** [sáiəntist]	科学者	ふつう自然科学の学者を指す。
☐	**leader** [líːdər]	指導者；リーダー	動詞の lead は「指導する；率先する」。
☐	**coach** [kóutʃ]	（競技の）コーチ；監督	a soccer coach（サッカーの監督）
☐	**doctor** [dáktər]	医者；博士	see the doctor で「お医者さんに診てもらう」。
☐	**student** [stjúːdnt]	生徒；学生	a straight A student で成績表に A を並べた「優秀な生徒」。

She is a true leader.

▼ 英会話フレーズ

- My dream as a child was to be a **president** or **scientist**.
  私の子供の頃の夢は大統領か科学者になることだった。

- She is a true **leader**.
  彼女は本当のリーダーです。

- The **coach** fired us up.
  監督は私たちに活を入れた。

- You should go see the **doctor**.
  お医者さんに診てもらったほうがいいよ。

- She was a straight A **student** at high school.
  彼女は高校時代、優等生でした。

▼ 使いこなすヒント

☐	**clerk** [klə́ːrk]	店員；販売員	「店員」は store clerk や shop clerk とも言う。
☐	**police** [pəlíːs]	(the 〜) 警察；(集合的に) 警官たち	集合的に使う場合は、動詞は複数で受けることもできる。
☐	**officer** [ɔ́fisər]	係員；役人；警察官	「おまわりさん」と呼びかけるときにも使う。

[さまざまな職業] CD-1 | 74

☐ **actor** [ǽktər]　俳優；男優
＊普通は「男優」のこと。actress と区別する。

☐ **actress** [ǽktris]　女優

☐ **artist** [ɑ́ːrtist]　芸術家；美術家

☐ **architect** [ɑ́ːrkətèkt]　建築家
＊「建築」は architecture。

☐ **athlete** [ǽθliːt]　運動選手；アスリート

☐ **lawyer** [lɔ́ijər]　弁護士

☐ **journalist** [dʒə́ːrnəlist]　ジャーナリスト

☐ **manager** [mǽnidʒər]　経営者；管理者；マネージャー

☐ **engineer** [èndʒiníər]　エンジニア；技師

▼ 英会話フレーズ

- **Why don't you ask the store clerk if you can exchange the item?**
  その商品を交換できるかどうか店員さんに聞いてみたら？

- **The police are now investigating the killing.**
  警察が今、その殺人事件を捜査している。

- **Officer, I had my bag stolen here.**
  おまわりさん、ここで鞄を盗まれたんです。

- **farmer** [fá:rmər]　農業経営者；農民
- **cook** [kúk]　料理人；料理をする人
  * 「料理の上手な人」は a good cook と言える。
- **dentist** [déntist]　歯科医
- **carpenter** [ká:rpəntər]　大工
- **musician** [mju:zíʃən]　音楽家；ミュージシャン
- **nurse** [nə́:rs]　看護師
- **singer** [síŋgər]　歌手
- **teacher** [tí:tʃər]　先生；教師
- **vet** [vét]　獣医
  * veterinarian の略形。

第4章　名詞

3 からだ・衣類 27語

からだ　CD-1|75

▼ 使いこなすヒント

□ **mouth** [máuθ]　口
big mouth で「おしゃべり」の意味。「唇」は lips。

□ **nose** [nóuz]　鼻
blow one's nose で「鼻をかむ」。

□ **headache** [hédeik]　頭痛
〈身体の部位 + ache〉で「～痛」を表す。

□ **medicine** [médəsin]　薬
「処方箋」は prescription と言う。

[からだの部位] CD-1|76

□ **body** [bádi]　体；身体
 ＊「体型」は body shape や body type と言う。

□ **skin** [skín]　皮膚；肌

□ **head** [héd]　頭；頭部
 ＊ forehead（額）

□ **hair** [héər]　髪
 ＊「髪を切ってもらう」は have one's hair cut、女性が「髪をいじる」は fiddle with one's hair と言う。

□ **face** [féis]　顔
 ＊「丸顔」は a round face、「瓜実顔」は an oval face と言う。

□ **eye** [ái]　目
 ＊「睫毛」は eyelash、「視力」は eyesight。

□ **shoulder** [ʃóuldər]　肩

会話の カギ からだと衣類の単語は日常会話でよく使うものです。「頭痛」「鼻水」などすぐに言えますか。「上着」を coat と言ったり、shoes などペアのものは複数で表現したりすることも知っておきましょう。

▼ 英会話フレーズ

- She has a big **mouth**.
  彼女っておしゃべりね。

- I have a runny **nose**.
  鼻水が出ます。

- I have a **headache**.
  頭痛がするんです。

- Take this **medicine** after meals.
  この薬は食後に服用してください。

- **neck** [nék]　首；(衣服の) 襟

- **chest** [tʃést]　胸
  * breast は chest の前部のこと。

- **stomach** [stʌ́mək]　胃；腹部

- **arm** [ɑ́ːrm]　腕
  *肩 (shoulder) から手首 (wrist) まで。

- **hand** [hǽnd]　手

- **finger** [fíŋgər]　指
  * thumb (親指)、index finger (人差し指)、middle finger (中指)、ring finger (薬指)、little finger (小指)。

- **leg** [lég]　脚；足
  *お尻 (bottom) から足首 (ankle) まで。

第4章　名詞

服装 CD-1|77 ▼ 使いこなすヒント

☐ **hat** [hǽt]	帽子	つばがあるもの。
☐ **sweater** [swétər]	セーター	発音注意。sweats なら「ジャージ；スウェット」。
☐ **size** [sáiz]	（衣服などの）サイズ；大きさ	〈~ in a smaller size〉で「小さなサイズの~」。

[衣類の種類] CD-1|78

☐ **cap** [kǽp]　帽子
　＊つばがないか，つばが前だけにあるもの。

☐ **clothes** [klóuz]　衣服；衣類
　＊「服」と言う場合は複数で使う。単数 cloth なら「布」。

☐ **coat** [kóut]　コート；上着
　＊スーツの「上着」も coat と呼ぶ。

☐ **T-shirt** [tíːʃəːrt]　Tシャツ
　＊ tee とも言う。

☐ **shoe** [ʃúː]　靴
　＊一足という意味でふつう複数で使う。

☐ **uniform** [júːnəfɔːrm]　制服；ユニフォーム
　＊ in uniform（制服姿で）

▼ 英会話フレーズ

- This **hat** goes well with your coat.
  この帽子、あなたのコートに合うわよ。

- Your **sweater** looks warm.
  温かそうなセーターね。

- I'm wearing **size** 8.
  サイズ8（の靴）を履いています。

This hat goes well with your coat.

4 食べ物・飲み物 46語

CD-1|79　　　　　　　　　　　▼ 使いこなすヒント

☐	**drink** [dríŋk]	飲み物	soft drinks（清涼飲料水）。have a drink（お酒を一杯やる）
☐	**coffee** [kɔ́ːfi]	コーヒー	ミルクや砂糖など一緒に入れるものは with に続ける。
☐	**milk** [mílk]	ミルク；牛乳	
☐	**beef** [bíːf]	牛肉；ビーフ	肉の焼き加減は、rare、medium、well-done などと答える。
☐	**fruit** [frúːt]	果物；フルーツ	fruit はふつう集合名詞で数えられない。vegetable は数えられる。
☐	**vegetable** [védʒətəbl]	野菜	
☐	**salad** [sǽləd]	サラダ	
☐	**breakfast** [brékfəst]	朝食	
☐	**egg** [ég]	卵	over easy で「両面焼き」。「目玉焼き」は sunny-side up。
☐	**salt** [sɔ́ːlt]	塩	pepper（コショウ）、soy sauce（しょう油）、condiment（調味料）
☐	**lunch** [lʌ́ntʃ]	昼食；ランチ	「おごる」は buy を使って言える。「割り勘にする」は split the bill または go halves。

> **会話の カギ** 食べ物や飲み物もおなじみのものばかりですが、しっかり発音できないと意外に通じないことがあります。発音やアクセントに注意して自分でも言ってみましょう。

▼ 英会話フレーズ

- **Where is the soft drink menu?**
  どこにソフトドリンクのメニューがありますか。

- **I'd like coffee with milk and sugar.**
  ミルクと砂糖入りのコーヒーをください。

- **How do you like your beef?**
  ビーフの焼き方はどうしますか。

- **I eat fruit or a vegetable salad for breakfast.**
  朝食にはフルーツか野菜サラダを食べます。

- **Could you make my eggs over easy?**
  卵は両面焼きにしてもらえますか。

- **I try to avoid eating too much salt.**
  塩分は控えめにしています。

- **I'll buy you lunch.**
  昼食をおごるよ。

		▼ 使いこなすヒント
☐ **dinner** [dínər]	夕食；ディナー	dine で「食事をする」という動詞。dine out (外食する)
☐ **meal** [mí:l]	食事	a light meal で「軽い食事」。

[食べ物・素材] CD-1│80

☐ **food** [fú:d]　食物；食料

☐ **orange** [ɔ́:rindʒ]　オレンジ

☐ **apple** [ǽpl]　リンゴ

☐ **banana** [bənǽnə]　バナナ

☐ **carrot** [kǽrət]　ニンジン

☐ **tomato** [təméitou]　トマト

☐ **meat** [mí:t]　(食用の) 肉

☐ **chiken** [tʃíkən]　鶏肉

☐ **fish** [fíʃ]　魚；魚肉

☐ **rice** [ráis]　ご飯；米

☐ **bread** [bréd]　パン

☐ **cheese** [tʃí:z]　チーズ

☐ **tea** [tí:]　茶；紅茶

☐ **juice** [dʒú:s]　ジュース
　＊英語の juice は炭酸飲料 (carbonated beverages) を含まない。

☐ **water** [wɔ́:tər]　水

▼ 英会話フレーズ

- I'll have **dinner** with my client.
  クライアントとディナーに行きます。

- I have two **meals** a day.
  私は一日2食です。

[調理品] CD-1 81

- **steak** [stéik]　ステーキ
- **hamburger** [hǽmbə̀ːrgər]　ハンバーガー
  *「店内で食べるか持ち帰りか」は For here or to go? (米)、Eat in or takeaway? (英)
- **toast** [tóust]　トースト
- **cereal** [síəriəl]　シリアル；加工穀物食
  *コーンフレークやオートミールなどのこと。
- **pizza** [píːtsə]　ピザ
- **sandwich** [sǽndwitʃ]　サンドイッチ
- **soup** [súːp]　スープ
- **noodle** [núːdl]　めん類；ヌードル
- **curry** [kə́ːri]　カレー
- **spaghetti** [spəgéti]　スパゲッティ

[スナック] CD-1 82

- **snack** [snǽk]　軽食；おやつ
- **cake** [kéik]　ケーキ；ふっくらとした焼き菓子
- **cookie** [kúki]　クッキー
- **chocolate** [tʃɔ́ːkələt]　チョコレート
- **ice cream** [áis-kríːm]　アイスクリーム
- **yogurt** [jóugərt]　ヨーグルト
- **pie** [pái]　パイ
- **French fries** [fréntʃ-fráiz]　フライドポテト

第4章 名詞

5 学校・学習 22語

CD-1 | 83 ▼ 使いこなすヒント

☐	**book** [búk]	本	「電子書籍」は e-book と言う。
☐	**textbook** [tékstbùk]	教科書	text と略す場合も。「参考書」は a reference book。
☐	**page** [péidʒ]	ページ	turn a page で「ページをめくる」。
☐	**class** [klǽs]	授業；クラス（の生徒）	「授業」と「クラス」のどちらでも使える。
☐	**homework** [hóumwə̀ːrk]	宿題	do homework で「宿題をする」。
☐	**exam** [igzǽm]	試験；テスト	examination の略形。take an exam で「テストを受ける」。
☐	**grade** [gréid]	学年；等級；成績	「等級」や「成績」の意味でも使う。
☐	**club** [klʌ́b]	クラブ；部	Join the club! で「こちらもご同様だよ」という慣用表現。
☐	**school** [skúːl]	学校	junior high school（中学校）、high school（高等学校）
☐	**university** [jùːnəvə́ːrsəti]	大学	graduate は「卒業生；大学院生」。undergraduate が「大学生」。
☐	**library** [láibrèri]	図書館	図書館で「本を借りる」のは check out a book と言う。

会話の カギ 学校と勉強の単語をおさらいしましょう。「テストを受ける」は take a test、「宿題をする」は do homework と言います。文房具もまとめて覚えましょう。

▼ 英会話フレーズ

- Can you lend me this **book**?
  この本を貸してくれない？

- Open your **textbook** to **page** 54.
  教科書の 54 ページを開いてください。

- This afternoon I have Economics and Math **classes**.
  今日の午後には経済学と数学の授業があります。

- Have you finished your **homework**?
  宿題は終わったの？

- I have my final **exams** next week.
  来週、期末試験がある。

- She is in the 5th **grade**.
  彼女は（小学校）5 年生です。

- My son belongs to the drama **club** at school.
  息子は学校の演劇部に入っています。

- My two sons both go to elementary **school**.
  息子は二人とも小学校に通っています。

- The new recruits are all **university** graduates.
  新入社員は全員が大卒者です。

- You can check out up to five books at the city **library**.
  市立図書館では 5 冊まで本が借りられます。

			▼ 使いこなすヒント
☐	**cafeteria** [kæfətíəriə]	カフェテリア；学食；社員食堂	学校や会社にあるセルフサービスの食堂のこと。
☐	**classroom** [klǽsrùːm]	教室	「職員室」は teachers' office、「実験室」は laboratory、「講堂」は auditorium などと言う。
☐	**gym** [dʒím]	体育館；ジム	「フィットネスクラブ」はそのまま fitness club と言う。
☐	**dictionary** [díkʃənèri]	辞書	「その単語を辞書で調べる」なら look up the word in the dictionary。

[文房具] CD-1 84

☐ **pen** [pén] ペン
　＊「ボールペン」は a ballpoint pen、「万年筆」は a fountain pen と言う。

☐ **pencil** [pénsəl] えんぴつ

☐ **eraser** [iréisər] 消しゴム

☐ **notebook** [nóutbùk] ノート

☐ **ruler** [rúːlər] 定規

☐ **stapler** [stéiplər] ホチキス
　＊ホチキスの「針」は staple。

☐ **scissors** [sízərz] はさみ
　＊刃が一組あるので複数で使う。

▼ 英会話フレーズ

- Where shall we meet, at the **cafeteria** or the classroom?
  学食と教室のどちらで待ち合わせましょうか。

- We practice badminton in the school **gym**.
  私たちは学校の体育館でバドミントンの練習をします。

- Let me look in the **dictionary**.
  辞書を調べてみますね。

stapler

scissors

pen

eraser

ruler

notebook

第4章　名詞

6 会社・仕事 22語

CD-2 | 1

▼ 使いこなすヒント

☐	**company** [kʌ́mpəni]	会社	「社長」は president、「社員」は staff や employee と言う。
☐	**office** [ɔ́ːfis]	事務所；会社；職場	an office worker (会社員)
☐	**work** [wə́ːrk]	仕事；職	at work (仕事中で)、after work (仕事の後)、go to work (通勤する)
☐	**plan** [plǽn]	計画；予定；案	動詞としても使える。plan to *do* (〜する計画である)
☐	**job** [dʒɑ́b]	(具体的な) 仕事；職	job openings (求人)、a part-time job (アルバイト)、a full-time job (常勤)。
☐	**event** [ivént]	出来事；行事；イベント	〈〜 event〉でさまざまな行事を表せる。a school event (学校行事)
☐	**speech** [spíːtʃ]	スピーチ；演説	speak (話す) の名詞形。a keynote speech で「基調演説」。
☐	**machine** [məʃíːn]	機械	〈〜 machine〉で「〜機」の意味。a fax machine (ファクス機)
☐	**money** [mʌ́ni]	お金	earn money で「お金を稼ぐ」、save money で「貯金する」。
☐	**dollar** [dɑ́lər]	(米) ドル	quarter (25セント硬貨)、dime (10セント)、nickel (5セント)、penny (1セント)
☐	**paper** [péipər]	紙；用紙	paper jam で「紙詰まり」。

> **会話のカギ** ビジネスの会話にも中学英語は大活躍します。例文も仕事に関するものを中心にしています。paper jam（紙詰まり）、make a mistake（間違える）など、言葉の組み合わせも大切です。

▼ 英会話フレーズ

- My **company** is based in London.
  私の会社の本社はロンドンにあります。

- I usually leave the **office** at seven.
  私はふつう7時にオフィスを出ます。

- Let's go have a drink after **work**.
  仕事の後、飲みに行こうよ。

- Tonight is Christmas Eve, but I have no **plans**.
  今夜はクリスマスイブだけど、私は予定がありません。

- I'm planning to switch **jobs**.
  私は転職する計画です。

- This exhibit is a big **event** for us.
  この展示会は私たちにとって大きなイベントです。

- The CEO will make a keynote **speech**.
  CEOが基調演説をします。

- Buying this fax **machine** would be a waste of **money**.
  このファックス機を買うのはお金の無駄ですよ。

- What's the yen-U.S. **dollar** exchange rate?
  円と米ドルの交換レートはいくらですか。

- There's a **paper** jam in the copier again.
  コピー機がまた紙詰まりだ。

第4章 名詞

▼ 使いこなすヒント

	単語	意味	ヒント
☐	**idea** [aidíə]	意見；アイデア；考え	have no idea で「わからない」。
☐	**problem** [prábləm]	問題	No problem.（いいですよ）は相手の依頼に同意するときにも使える。
☐	**experience** [ikspíəriəns]	経験；体験	動詞として「経験する」の意味で使える。
☐	**action** [ǽkʃən]	行動；行為	take action（行動する）
☐	**help** [hélp]	助け；援助；手伝い	You were a great help. で「たいへん助かりました」。
☐	**mistake** [mistéik]	間違い；ミス	make a mistake で「間違える」。
☐	**design** [dizáin]	デザイン；設計	動詞としても「デザイン・設計する」の意味で使う。
☐	**example** [igzǽmpl]	例；実例	「例を示す」は give [show] ～ an example と言う。
☐	**graph** [grǽf]	グラフ；図表	「円グラフ」は pie graph。「表」は table と言う。
☐	**number** [nʌ́mbər]	数字；数	電話番号はよく number だけで表す。
☐	**news** [njúːz]	ニュース；知らせ	数えられない名詞。「新聞」は newspaper である。

▼ 英会話フレーズ

- I have no **idea** what to do.
  どうしたらいいのか、わかりません。

- Monday should be no **problem**.
  月曜日（にすること）は問題なさそうですね。

- I have over 10 years **experience** in this field.
  私はこの分野で10年以上の経験があります。

- We must take quick **action** to increase sales.
  私たちは売り上げを増加するためにすばやい行動が必要だ。

- Thank you for your **help**.
  手伝っていただいてありがとう。

- I'm sorry I made a **mistake**.
  すみません、間違えました。

- This is an amazing **design**, isn't it?
  これはすばらしいデザインですね。

- Could you give us an **example**?
  例を一つあげていただけませんか。

- First, look at this bar **graph**.
  まずこちらの棒グラフを見てください。

- Could I have your **number**?
  電話番号を教えてもらえますか。

- That's **news** to me.
  それは初耳だね。

第4章 名詞

7 社交 25語

CD-2 | 2

▼ 使いこなすヒント

☐	**thanks** [θǽŋks]	感謝	Thanks for ～でお礼を言える。Thank you for ～より少し軽い。
☐	**love** [lʌ́v]	愛；恋；愛する人	love で「愛する人」も表せる。
☐	**wish** [wíʃ]	願い；希望	My best wishes to your father. なら「お父様によろしく」。
☐	**smile** [smáil]	ほほえみ；笑顔	grin は「歯を見せるにこやかな笑い」、chuckle は「くすくす笑い」。
☐	**goodbye** [gùdbái]	さよなら	カジュアルな別れの挨拶は Bye. や Bye now.、Take care. などを使う。
☐	**name** [néim]	名前	first name（名）、last name（姓）
☐	**present** [prézənt]	プレゼント；贈り物	例文は決まり文句としてそのまま使える。
☐	**message** [mésidʒ]	伝言；メッセージ	例文は会話でもメールでも使える。
☐	**question** [kwéstʃən]	質問；問題	out of the question で「問題外だ」「無理だ」。
☐	**answer** [ǽnsər]	答え；応答；返事	質問への「解答」、依頼への「返事」の意味。手紙への「返信」は reply。
☐	**care** [kéər]	世話；保護；用心	take care of で「～の世話をする」。

会話の カギ おなじみの単語が並びますが、会話フレーズに組み込んで覚えるのがポイントです。present なら、大切な人に贈り物をするときに I've got a present for you. と言えるといいですね。

▼ 英会話フレーズ

- **Thanks** for everything.
  いろいろとありがとうございました。

- You're my only **love**.
  あなただけを愛している。

- Best **wishes** for a happy new year.
  新年がよい年でありますように。

- Greet customers with a **smile**.
  お客さんには微笑んであいさつしてください。

- I must say **goodbye** now.
  そろそろさよならをしないと。

- May I have your **name**?
  お名前は何とおっしゃいますか。

- I've got a **present** for you.
  あなたに贈り物があります。

- Thank you for the **message**.
  メッセージをありがとう。

- Do you have any **questions**?
  何か質問はありますか。

- Is your **answer** yes or no?
  答えはイエスかノーかどっち？

- I'll be able to take **care** of myself.
  自分でなんとかなります。

第4章 名詞

▼ 使いこなすヒント

☐	**attention** [əténʃən]	注意；注目	例文はスピーチの後などに言うフレーズ。pay attention to で「~に注意を払う」。
☐	**information** [ìnfərméiʃən]	情報	数えられない名詞。「(情報などが) 役立つ」は informative と言う。
☐	**reason** [ríːzn]	理由	「~ (行動など) の理由」は for や to do で表す。
☐	**language** [lǽŋgwidʒ]	言葉；言語	「外国語」は foreign language、「母国語」は mother tongue と言う。

[コミュニケーションの基本語] CD-2│3

☐ **communication** [kəmjùːnəkéiʃən]
コミュニケーション；意思の疎通

☐ **letter** [létər] 手紙
＊「便せん」は letterhead と言う。

☐ **e-mail** [íːmeil] Eメール；電子メール
＊ by e-mail で「E メールで」。e-mail は動詞としても使える。

☐ **Internet** [íntərnet] (the を付けて) インターネット
＊ on the Internet は online の 1 語でも代用できる。

☐ **greeting** [gríːtiŋ] あいさつ
＊ greeting card は「あいさつ状」。

▼ 英会話フレーズ

- Thank you for your **attention**.
  ご静聴ありがとうございました。

- All personal **information** is confidential.
  個人情報はすべて守秘義務があります。

- I have no **reason** to decline the offer.
  その申し出を断る理由はありません。

- I want to master two foreign **languages**.
  私は2つの外国語をマスターしたい。

□ **gift** [gíft]　贈り物
  ＊ gift のほうが present よりやや改まったニュアンス。

□ **postcard** [póustkà:rd]　絵はがき；郵便はがき

□ **word** [wə́:rd]　単語；言葉
  ＊ word（単語）、phrase（語句）、sentence（文）を区別しよう。

□ **Chinese** [tʃainí:z]　中国語

□ **Korean** [kərí:ən]　韓国語；朝鮮語

第4章　名詞

8 時間 25語

CD-2 | 4

		▼ 使いこなすヒント
☐ **minute** [mínit]	分；ちょっとの間	a minute で「ほんの少しの時間」を表す。「秒」は second。
☐ **hour** [áuə*r*]	1時間；時間	「半時間」は half an hour、「1時間半」は an hour and a half。
☐ **now** [náu]	今；現在	名詞では普通、前置詞の後ろで使う。
☐ **o'clock** [əklák]	（ちょうど）〜時	「〜時きっかりに」は〈at 〜 o'clock sharp〉と言う。
☐ **weekend** [wí:kènd]	週末	「週日」は weekday と言う。
☐ **holiday** [hálədèi]	休日	〈Have a 〜 holiday.〉で休暇に向けての挨拶となる。
☐ **while** [*h*wáil]	しばらくの間	for a while (しばらくの間)
☐ **date** [déit]	日付；日時	expiration date で「有効期限」、date of birth で「生年月日」。
☐ **birthday** [bá:*r*θdèi]	誕生日	Happy birthday! (お誕生日おめでとう)
☐ **time** [táim]	〜回；時刻；時	have a good time で「すばらしい時間を過ごす」。
☐ **year** [jíə*r*]	年；1年	last year (去年)、this year (今年)、next year (来年)。every other year で「1年おきに」。

> **会話のカギ** 時刻を伝えるには It's ten past 7.（7時10分です）のように It を主語で始めます。時間の長さは〈for ～ hours〉、「～時に」は〈at ～ o'clock〉です。定型パターンを知っておきましょう。

▼ 英会話フレーズ

- **Give me a minute.**
  ちょっと待って。

- **I've been waiting for two hours.**
  2時間も待っていたんだよ。

- **From now on, I'll never make a mistake like this again.**
  今後は二度とこんなミスをしません。

- **Let's meet at that café at 7 o'clock sharp.**
  あのカフェで7時きっかりね。

- **Recently I go trekking on weekends.**
  最近は週末にはトレッキングに行きます。

- **Have a great golden-week holiday.**
  いいゴールデンウィーク休暇をお過ごしください。

- **It'll take a while to check this.**
  これを確認するにはしばらく時間がかかります。

- **What is your card's expiration date?**
  あなたのクレジットカードの有効期限はいつですか。

- **Blow out the candles on your birthday cake.**
  バースデーケーキのろうそくを吹き消して。

- **How many times a year do you travel on business?**
  1年に何回出張しますか。

▼ 使いこなすヒント

☐	**future** [fjúːtʃər]	未来；将来	「将来に」は in the future と言う。
☐	**evening** [íːvniŋ]	晩；夕方	「午前に」「午後に」「夜に」などの時間帯は〈in the ~〉で表す。
☐	**fall** [fɔ́ːl]	秋	米国用法。英国用法では autumn。

［さまざまな時間表現］ CD-2 5

☐ **morning** [mɔ́ːrniŋ]　朝；午前

☐ **noon** [núːn]　正午；昼の12時
  ＊「正午に」は瞬間なので at noon と言う。

☐ **afternoon** [æftərnúːn]　午後（正午から日没まで）

☐ **day** [déi]　日；1日
  ＊「昼間に」なら in the daytime。

☐ **night** [náit]　夜
  ＊「夜に」は at night や in the night を使う。

☐ **week** [wíːk]　週
  ＊ this week（今週）、last week（先週）、next week（来週）

☐ **age** [éidʒ]　年齢
  ＊ come of age で「成年に達する」。for ages で「長い間」というイディオム。

☐ **century** [séntʃəri]　世紀
  ＊「21世紀に」は in the 21st century とする。

☐ **spring** [spríŋ]　春

☐ **summer** [sámər]　夏

☐ **winter** [wíntər]　冬

▼ 英会話フレーズ

- **Are you thinking seriously about your future?**
  自分の将来を真剣に考えている?

- **I must finish this by early evening.**
  夕刻早くまでにこれを終わらせなければならないんです。

- **I always feel lonely when fall comes.**
  秋が来るといつも寂しさを感じる。

I always feel lonely when fall comes.

第4章 名詞

9 スポーツ・娯楽 33語

スポーツ　CD-2 6　▼ 使いこなすヒント

☐ **sport** [spɔ́ːrt]　スポーツ　集合的に用いるときは複数にする。

☐ **soccer** [sákər]　サッカー　英国では football と呼ぶ。

☐ **baseball** [béisbɔ̀ːl]　野球　「球場」は a ball park、または a baseball stadium。

☐ **match** [mǽtʃ]　試合；競技　win the match (試合に勝つ)、lose the match (試合に負ける)

☐ **skiing** [skíːiŋ]　スキー　ski で動詞として「スキーをする」。skate も同様。

☐ **team** [tíːm]　チーム；団；組　スポーツに限らず使える。a relief team (救助隊)、an inspection team (視察団)

楽しみ　CD-2 7　▼ 使いこなすヒント

☐ **fun** [fʌ́n]　楽しいこと；楽しみ　have fun で「楽しむ」。Have fun! (楽しんでね)

☐ **joy** [dʒɔ́i]　喜び　〈a joy of ～〉で「～の喜び」の意味。a joy of reading (読書の喜び)

☐ **party** [pɑ́ːrti]　パーティー　「パーティーを開く」は hold [throw] a party と言う。

☐ **vacation** [veikéiʃən | və-]　休暇　take a vacation (休暇をとる)。on vacation (休暇で)。

会話の カギ 〈play + スポーツ名〉で「スポーツをする」、〈play + the 楽器〉で「楽器を演奏する」、have fun で「楽しむ」など、単語単独でなく、フレーズとして覚えてしまいましょう。

▼ 英会話フレーズ

- What **sports** do you play?
  どんなスポーツをしますか。

- **Soccer** is as popular as **baseball** in Japan.
  日本ではサッカーは野球と同じくらい人気があります。

- We won the **match** 3-1.
  私たちはその試合に3対1で勝った。

- How about going **skiing** with us?
  一緒にスキーに行きませんか。

- I always play for the **team**.
  私はいつもチームのためにプレイします。

▼ 英会話フレーズ

- Did you have **fun**?
  楽しみましたか。

- I wish you **joy** and happiness.
  幸福をお祈りします。

- You must come to tonight's **party**.
  今夜のパーティーには絶対に来てね。

- How will you spend your summer **vacation**?
  夏休みはどうやって過ごすの？

第4章 名詞

▼ 使いこなすヒント

☐	**festival** [féstəvəl]	祭り；祭典	a summer festival(夏祭り)。「縁日」は a temple [shrine] festival などと言う。
☐	**firework** [fáiərwə̀:rk]	花火	通常は複数形で使う。
☐	**shopping** [ʃápiŋ]	買い物（をすること）	go shopping で「買い物に行く」。a shopping area (商店街)
☐	**program** [próugræm]	（テレビ）番組；プログラム	sports program (スポーツ番組)

マンガ・ゲーム・小説 CD-2 | 8

☐	**comic** [kámik]	マンガ	manga も英語として通じる。anime (アニメ) も英語化した。
☐	**game** [géim]	ゲーム；遊び	日本での「テレビゲーム」は video game と言う。
☐	**story** [stɔ́:ri]	話；物語	「短編小説」は short story、「長編小説」は novel と言う。
☐	**character** [kǽriktər]	登場人物；キャラクター	「特徴ある人物」の意味もある。Tim is a real character. (ティムはおもしろいやつだ)

▼ 英会話フレーズ

- There are **fireworks** at the summer **festival**.
  夏祭りには花火があります。

- Let's go **shopping** after work.
  仕事の後、お買い物に行こうよ。

- Are there any good **programs** on the TV?
  テレビに何か面白い番組はある？

- Japanese **comics** are also popular in Asian countries.
  日本のコミックはアジアの国々でも人気がある。

- Kids play nothing but **games** all the time.
  子供たちはいつもゲームばかりしている。

- O. Henry wrote many emotional short **stories**.
  O・ヘンリーはたくさんの感動的な短編を書いた。

- Who's playing the main **character**?
  だれが主人公を演じているの？

第4章 名詞

音楽・映画・演劇 CD-2 9

▼ 使いこなすヒント

	concert [kánsə:rt]	コンサート	「クラシックのコンサート」は a classical concert と言う。
☐	**movie** [mú:vi]	映画	「映画館」は a movie theater。
☐	**performance** [pərfɔ́:rməns]	演奏；演技；上演；パフォーマンス	give a performance で「上演する」。
☐	**piano** [piǽnou]	ピアノ	「楽器を演奏する」は〈play the ~〉とする。
☐	**player** [pléiər]	演奏者	楽器演奏、スポーツ、ゲームなどをする人を表す。

[スポーツの種類] CD-2 10

☐ **volleyball** [válibɔ̀:l]　バレーボール

☐ **basketball** [bǽskətbɔ̀:l]　バスケットボール

☐ **softball** [sɔ́:ftbɔ̀:l]　ソフトボール

☐ **tennis** [ténis]　テニス

☐ **table tennis** [téibl-ténis]　卓球

▼ 英会話フレーズ

- I sometimes go to a **concert** or **movie** with my wife.
  私は時々妻と一緒にコンサートか映画に出かけます。

- Theirs was the best **performance** ever.
  彼らの演奏は今までで最高のものだった。

- Listen. Someone is playing the **piano**.
  ほら、だれかがピアノを弾いているよ。

- She is a talented violin **player**.
  彼女は才能あるバイオリン奏者だ。

[音楽の基本語] CD-2 | 11

- **drum** [drÁm]　ドラム；たいこ
- **guitar** [gitá:r]　ギター
- **song** [sɔ́:ŋ]　歌
- **sound** [sáund]　音；響き
  ＊「不快な音」は noise。
- **hit** [hít]　ヒット（曲）；当たり
  ＊「大ヒット」は a big hit や a smash hit と言う。

第4章　名詞

155

10 旅行・乗り物 50語

旅行　CD-2|12

▼ 使いこなすヒント

☐	**hotel** [houtél]	ホテル	accommodations もよく使う。
☐	**stay** [stéi]	滞在	extend my stay は飛行機の時間調整があるときなど、ホテルで使う。
☐	**trip** [tríp]	旅行；旅	a round trip で「往復(旅行)」。Have a nice trip.(よいご旅行を)
☐	**tour** [túər]	見学；(観光・視察) ツアー	「周遊」を指す。go on a tour (周遊に出かける)
☐	**visit** [vízit]	訪問	go on a visit で「～を訪問する」。動詞でも使う。
☐	**sightseeing** [sáitsì:iŋ]	観光；見物	sightseeing spots で「観光名所」。tourist spots や attractions でも同意。

[観光地] CD-2|13

☐ **castle** [kǽsl]　城

☐ **museum** [mju:zí:əm]　博物館；美術館
  * an art museum (美術館)、a historical museum (歴史博物館)

☐ **shrine** [ʃráin]　神社
  *一般的には「聖廟；聖地」の意味で、宗教を問わない。

☐ **island** [áilənd]　島
  * island hopping (島めぐり)

会話のカギ 旅行・乗り物の会話はある程度決まったパターンがあります。I'd like a round-trip ticket.（往復切符をください）など。そんなパターンに単語を乗せて練習しましょう。

▼ 英会話フレーズ

- What **hotel** are you staying at in Paris?
  パリではどのホテルに泊まるの？

- Can you extend my **stay** up to 5 o'clock?
  5時まで滞在を延長できませんか。

- Nikko is a day **trip** from Tokyo.
  日光は東京から日帰り旅行で行けます。

- I'd like to join a **tour** of the city.
  市内ツアーに参加したいのですが。

- This is my second **visit** here.
  ここを訪れるのは2回目です。

- There are a lot of **sightseeing** spots in Kyushu.
  九州には観光名所がたくさんあります。

第4章 名詞

- **beach** [bíːtʃ]　海岸；浜
- **temple** [témpl]　寺；寺院
  * a Buddhist temple（仏教のお寺）
- **zoo** [zúː]　動物園
  * aquarium（水族館）、amusement park（遊園地）
- **hot spring** [hát-spríŋ]　温泉

交通・道案内　CD-2 14　　▼使いこなすヒント

☐ **corner** [kɔ́ːrnər]	角；曲がり角	intersection（交差点）
☐ **train** [tréin]	電車；列車	「急行」は an express、「特急」は a limited express などと言う。「新幹線」は Shinkansen で通じる。
☐ **ticket** [tíkit]	切符；乗車券；チケット	「片道切符」は a one-way ticket。英国で「往復切符」は a return ticket。
☐ **station** [stéiʃən]	（鉄道の）駅；（バスなどの）発着所	a subway station（地下鉄駅）
☐ **stop** [stάp]	（列車の停車）駅；（バスの）停留所	a bus stop（バスの停留所）、the last stop（終点）
☐ **line** [láin]	（バス・列車・飛行機などの）路線	the Yamanote line（山手線）
☐ **bus** [bʌ́s]	バス	〈by ~〉で「~という交通手段で」を表す。

Kinkakuji Temple is the next stop.

158

▼ 英会話フレーズ

- **Turn left at the second corner.**
  2つ目の角を左に曲がってください。

- **Which train is going to London?**
  どの列車がロンドンに行きますか。

- **I'd like a round-trip ticket.**
  往復切符をください。

- **Trains bound for Rome leave at the East Station.**
  ローマ行きの列車は東駅から出発します。

- **Kinkakuji Temple is the next stop.**
  金閣寺は次の停留所ですよ。

- **You should transfer to the Yamanote Line at Shibuya.**
  渋谷で山手線に乗り換えてください。

- **I commute by bus.**
  私はバス通勤です。

[交通機関] CD-2|15

- **bike** [báik]　自転車；小型のオートバイ
  * bicycle（自転車）、motorcycle（オートバイ）の略形。
- **boat** [bóut]　ボート；小舟；船
- **car** [káːr]　自動車
- **plane** [pléin]　飛行機
- **airport** [ɛ́əpɔːrt]　空港
  * an international airport（国際空港）、a domestic airport（国内線の空港）
- **subway** [sʌ́bwei]　地下鉄
  * 英国では underground と呼ぶ。英国で subway は「地下道」。

[場所・方角] CD-2|16

- **place** [pléis]　場所；所
  * 会話では place で「レストラン；カフェ」を表すことがある。
- **north** [nɔ́ːrθ]　北；北部
- **south** [sáuθ]　南；南部
  * east（東）、west（西）
- **country** [kʌ́ntri]　国；国土
  * the を付けて「田舎；田園地帯」という意味も表せる。
- **world** [wə́ːrld]　世界；世の中

[街と店] CD-2 17

- □ **city** [síti] 都市；都会；市
  * state（米国の州）、province（地方；中国の省）

- □ **town** [táun] 町

- □ **village** [vílidʒ] 村

- □ **park** [páːrk] 公園

- □ **street** [stríːt] 通り；街路
  * avenue も「通り」の意味。boulevard は「大通り」、lane は「狭い通り」。

- □ **road** [róud] 道；道路
  * highway（幹線道路）、expressway/freeway（高速道路）

- □ **market** [máːrkit] 市場；マーケット
  * flea market（フリーマーケット；のみの市）

- □ **building** [bíldiŋ] 建物；ビル

- □ **restaurant** [réstərənt] レストラン

- □ **post office** [póust-ɔ́ːfis] 郵便局

- □ **stadium** [stéidiəm] 競技場；球場；スタジアム

- □ **shop** [ʃáp] 店；商店

- □ **store** [stɔ́ːr] 店；商店

- □ **convenience store** [kənvíːnjəns-stɔ́ːr] コンビニエンスストア

- □ **department store** [dipáːrtmənt-stɔ́ːr] デパート；百貨店

- □ **bookstore** [búkstɔ̀ːr] 書店；本屋

- □ **supermarket** [súːpərmàːrkit] スーパーマーケット

- □ **hospital** [háspitl] 病院

第4章 名詞

11 身の回り品 17語

身の回り品 CD-2|18

▼ 使いこなすヒント

bag [bǽg]	かばん；バッグ；袋	「ハンドバッグ」は handbag、または米国で purse。
watch [wátʃ]	腕時計	時計が「進んでいる」は fast、「遅れている」は slow を使う。
cup [kʌ́p]	カップ；茶碗	a cup of coffee (1杯のコーヒー)
umbrella [ʌmbrélə]	傘	「傘をさす」は open an umbrella と言う。
phone [fóun]	電話（機）	「携帯電話」は mobile phone または cellular phone。

[電化製品] CD-2|19

- **camera** [kǽmərə] カメラ
  * 「一眼レフ」は SLR (single-lens reflex) と呼ぶ。

- **computer** [kəmpjúːtər] コンピューター
  * ウインドウズ系は PC、マックは Mac と言い分ける。

- **TV** [tíːvíː] テレビ（番組・放送・受像機）
  * an LCD TV（液晶テレビ）

会話のカギ 身の回り品はおなじみの単語ばかりです。注意したいのは、「テレビ」は television よりも TV とよく言います。「冷蔵庫」は refrigerator ですが、よく略形の fridge を使います。

▼ 英会話フレーズ

- Oh, you have a new Prada **bag**.
  あなたの新しいバッグ、プラダなのね。

- Maybe, my **watch** is one or two minutes fast.
  私の時計はおそらく1、2分進んでいます。

- A **cup** of coffee wakes me up.
  1杯のコーヒーで目が覚める。

- Don't forget to bring your **umbrella**.
  傘を持って行くのを忘れないでね。

- My daughter goes to bed with her mobile **phone**.
  娘は寝るのにも携帯電話を持って行く。

[日用品] CD-2|20
- **picture** [píktʃər]　写真；絵
- **mirror** [mírər]　鏡
- **box** [báks]　箱　＊a cardboard box（段ボール箱）、a lunch box（弁当箱）。
- **light** [láit]　明かり；電灯；信号灯

[台所用品] CD-2|21
- **bottle** [bátl]　瓶；一瓶の量
- **dish** [díʃ]　（大）皿；（皿に盛られた）料理
- **fridge** [frídʒ]　冷蔵庫　＊refrigerator の略形。
- **bowl** [bóul]　深いはち；ボール
- **tray** [tréi]　盆；トレイ；浅皿

第4章 名詞

12 自然 34語

自然　CD-2|22　▼ 使いこなすヒント

☐	**mountain** [máuntən]	山	複数にすれば「山脈」を表す。the Himalaya Mountains（ヒマラヤ山脈）
☐	**air** [έər]	空気	「大気」はatmosphereと言う。
☐	**view** [vjú:]	眺め；景色	「意見」「見方」の意味でもよく使う。in my view（私の意見では）
☐	**Mt.** [máunt]	～山	Mt.はmountの短縮形。
☐	**rock** [rák]	岩；岩石	「小石」はstoneである。
☐	**garden** [gá:rdn]	庭；庭園	rock garden（石庭）、botanical garden（植物園）、home garden（家庭菜園）
☐	**cherry** [tʃéri]	サクラ	cherry blossomsで「サクラの花」の意味。「満開で」はin full bloomとも言う。
☐	**blossom** [blásəm]	（木の）花	
☐	**nature** [néitʃər]	自然	enjoy natureで「自然を楽しむ」。
☐	**weather** [wéðər]	天気；天候	「天気予報」はweather reportやweather forecastと言う。
☐	**earthquake** [ə́:rθkweik]	地震	quakeでもよく使う。「津波」はそのままtsunamiで通じる。

> **会話のカギ** 自然・宇宙・環境についての単語をまとめて紹介します。「天気予報」は weather report、「地球温暖化」は global warming など決まった言い方に注意しましょう。

▼ 英会話フレーズ

- Take a breath of this fresh **mountain air**.
  山のこの新鮮な空気を吸ってごらん。

- You can get a good **view** of **Mt.** Fuji from the Shinkansen.
  富士山は新幹線からよく見えますよ。

- The Ryoanji Temple is famous for its **rock garden**.
  竜安寺は石庭で有名です。

- **Cherry** trees are in full **blossom** now.
  桜は今、満開です。

- You can really enjoy **nature** in the highlands of Nagano.
  長野の高原に行けば自然を満喫できますよ。

- Did you see the **weather** report?
  天気予報を見ましたか。

- Japan is sometimes hit by big **earthquakes**.
  日本は時々、大きな地震に見舞われる。

第4章 名詞

宇宙 (CD-2|23)

☐ **earth** [ə́ːrθ]	地球	地球は1つなのでふつうは the を付ける。
☐ **space** [spéis]	宇宙	space は「宇宙空間」のニュアンス。恒星や惑星なら成る「宇宙」には universe を使う。
☐ **sun** [sʌ́n]	太陽	形容詞形は solar。「太陽系」は the solar system。
☐ **star** [stáːr]	星；恒星；(芸能界の)スター	「恒星」のことを指す。「惑星」は planet、「衛星」は satellite。

環境 (CD-2|24)

☐ **environment** [inváiərənmənt]	(自然)環境	environmentally-friendly で「環境にやさしい」。
☐ **global warming** [glóubəl-wɔ́ːrmiŋ]	地球温暖化	global は globe (地球) の形容詞形。

[地形の基本語] CD-2|25

☐ **land** [lǽnd] 陸地；土地

☐ **ground** [gráund] 地面；地上；土地
 *ふつう the ground と the を付ける。

☐ **hill** [híl] 丘；小山

☐ **pond** [pánd] 池
 * lake よりも小さな自然の池。

☐ **lake** [léik] 湖

☐ **river** [rívər] 川

☐ **sea** [síː] 海

- **There are many ways to save the earth.**
  地球を救う方法はたくさんあります。

- **The rocket blasted off into space.**
  ロケットは宇宙に向けて発射された。

- **Our sun is an average star.**
  私たちの太陽はごく平均的な恒星です。

- **This new factory is safe for the environment.**
  この新しい工場は環境に配慮しています。

- **Global warming is melting the polar ice.**
  地球温暖化で極地の氷が溶けている。

[植物] CD-2|26

- **plant** [plǽnt]　植物
- **flower** [fláuər]　花；草花
- **grass** [grǽs]　草；草地
  * the grass で「芝生」。
- **tree** [tríː]　木
- **forest** [fɔ́ːrist]
  森；森林；山林

[天候] CD-2|27

- **cloud** [kláud]　雲
  *形容詞は cloudy (曇りの)。
- **wind** [wínd]　風
  *形容詞は windy (風が強い)。
- **snow** [snóu]　雪
  *形容詞は snowy (雪の降る；雪の積もった)。
- **sky** [skái]　空
- **temperature** [témpərətʃər]　気温
  *「体温」の意味でも使う。

13 動物 (19語)

CD-2|28

▼ 使いこなすヒント

	pet [pét]	ペット	a pet snake のように〈pet＋動物〉で「ペットの〜」と言える。
	animal [ǽnəməl]	動物	animal rights (動物の権利)
	dog [dɔ́g]	イヌ	「子イヌ」は puppy。
	cat [kǽt]	ネコ	「子ネコ」は kitten。
	tiger [táigər]	トラ	〈the year of 〜〉で干支の「〜年」を表す。
	panda [pǽndə]	パンダ	英国では「パトロールカー」のことを panda car と言うことがある。

[動物たち] CD-2|29

- **lion** [láiən]　ライオン
- **monkey** [mʌ́ŋki]　サル
- **cow** [káu]　雌牛；乳牛
  ＊「雄牛」は ox や bull と言う。
- **horse** [hɔ́ːrs]　ウマ
  ＊「子ウマ」は foal と呼ぶ。
- **koala** [kouáːlə]　コアラ
- **bear** [béər]　クマ

> **会話の カギ** 動物を「飼う」は keep を使います。keep a bird で「鳥を飼う」。動物には子供の呼び名があるものが多く、「子ネコ」は kitten、「子グマ」は cub と言います。

▼ 英会話フレーズ

- **Do you have any pets?**
  何かペットを飼っていますか。

- **There are many animal videos on YouTube.**
  ユーチューブにはたくさんの動物の動画がある。

- **The dogs and cats are also our family members.**
  イヌやネコたちも私たちの家族です。

- **I was born in the year of the tiger.**
  私は寅年の生まれです。

- **The panda is a symbol of the two countries' friendship.**
  パンダは2国間の友情のシンボルです。

- □ **elephant** [éləfənt]　ゾウ
- □ **mouse** [máus]　ハツカネズミ；マウス
  ＊複数形は mice。普通のネズミは rat と呼ぶ。
- □ **bird** [bə́ːrd]　トリ
  ＊鳥の「ひな」は chick と呼ぶ。
- □ **crane** [kréin]　ツル
- □ **seal** [síːl]　アザラシ
  ＊アシカ、オットセイ、トドを含む。
- □ **snake** [snéik]　ヘビ
- □ **frog** [frág]　カエル

第4章　名詞

14 生活・世界 21語

生活の基本語　CD-2│30

▼ 使いこなすヒント

☐	**front** [fránt]	前；前面（部）	「後ろ」は back や rear を使う。
☐	**end** [énd]	終わり	a dead end で「行き止まり」。
☐	**thing** [θíŋ]	もの；こと	具体的な「もの」から抽象的な「こと」まで幅広く使える。
☐	**part** [pá:rt]	部分；一部	機械の「部品」の意味でも使う。
☐	**piece** [pí:s]	断片；1枚；1つ	a piece of cake で「たやすいこと」というイディオムになる。
☐	**way** [wéi]	方法；やり方；（〜への）道	Way to go!（いいぞ、その調子！）、No way!（だめだ！）も覚えておこう。
☐	**meter** [mí:tər]	メートル	長さや高さは〈〜 単位 + long/tall〉で表す。6 feet tall（6フィートの背丈）
☐	**fire** [fáiər]	火；火事	fire drills で「火災避難訓練」。
☐	**kind** [káind]	種類	sort も同様の意味で使える。
☐	**difference** [dífərəns]	違い；差	make a difference で「違いを出す；効果がある」。
☐	**meaning** [mí:niŋ]	意味	動詞 mean（意味する；重要である）の名詞形。

> **会話のカギ** a dead end（行き止まり）、a piece of cake（たやすいこと）、a waste of time（時間の無駄）など、基本語を使った言い回しを覚えておきましょう。

▼ 英会話フレーズ

- I'm standing in **front** of the museum now.
  今、美術館の前にいるんだけど。

- This street is a dead **end**.
  この道は行き止まりですよ。

- I have a lot of **things** to do.
  しなければいけないことがたくさんある。

- What **part** of France are you from?
  フランスのどちらの出身ですか。

- It's a **piece** of cake.
  朝飯前ですよ。

- This **way**, please.
  こちらへどうぞ。

- This cord is 5 **meters** long.
  このコードは長さ5メートルです。

- **Fire** drills will take place this Friday.
  火災避難訓練は今週の金曜日に行われます。

- I often hear this **kind** of story.
  この手の話はよく耳にします。

- It doesn't make any **difference** to me.
  どちらでもいいです。

- What's the **meaning** of this?
  どういうつもりなんだ？

第4章 名詞

▼ 使いこなすヒント

☐ **waste** [wéist]	むだ（使い）；浪費	動詞「浪費する」も同形。
☐ **dream** [drí:m]	夢；希望；理想	形容詞的に〈dream ~〉で「夢の~」を表せる。a dream team（理想のチーム）
☐ **mind** [máind]	心；精神；考え	心の知的な側面を表す。感情的な側面には heart を使う。
☐ **treasure** [tréʒər]	宝物；大切なもの	日常会話では「大切なもの・人」について使う。

世界　　CD-2 31

☐ **culture** [kʌ́ltʃər]	文化	〈~ culture〉でさまざまな文化を表せる。pop culture（大衆文化）
☐ **energy** [énərdʒi]	エネルギー	clean energy（クリーンエネルギー）、solar energy（太陽エネルギー）
☐ **right** [ráit]	権利	human rights で「人権」。「義務」は duty。
☐ **peace** [pí:s]	平和	pray for peace（平和のために祈る）
☐ **war** [wɔ́:r]	戦争	〈~ war〉でさまざまな戦争を表す。civil war（内戦）、the Vietnam war（ベトナム戦争）
☐ **bomb** [bám]	爆弾	a time bomb（時限爆弾）は比喩的にも使える。

▼ 英会話フレーズ

- That's just a **waste** of time.
  それは時間の無駄だよ。

- I hope you'll make your **dream** a reality.
  ぜひ夢を実現してください。

- What's on your **mind**?
  何を考えているの？

- This collection is my **treasure**.
  このコレクションは私の宝物です。

- Red is a happy color in the Chinese **culture**.
  赤は中国文化ではおめでたい色です。

- Most people wish to use clean **energy** instead of nuclear energy.
  多くの人が核エネルギーの代わりにクリーンエネルギーを使いたいと願っている。

- Voting is one of the basic **rights** of the people.
  投票は国民の基本的な権利の1つです。

- Tens of thousands of people prayed for **peace** in New York.
  大勢の人々がニューヨークで平和のために祈った。

- We must make them stop the **war**.
  われわれはその戦争をやめさせなければならない。

- The huge national debt is something like a time **bomb**.
  莫大な国の債務は時限爆弾のようなものだ。

第4章 名詞

とっておき中学英単語 ④ day

　day は「日」という意味ですが、生活の中で定型的なフレーズとしてよく使います。

　Have a nice day! は文字通りは「よい一日を！」という意味ですが、これは人と別れるときの決まり文句です。

　call it a day は「一日を終える」→「仕事などを切り上げる」という意味で使います。

　Let's call it a day. なら「そろそろ切り上げましょう」です。

　また、〈所有格 + day〉で使うと、「（その人にとって）よい時」という意味になります。Today wasn't my day. なら、「今日は私にとっていい時ではなかった」→「今日はツイてないなあ」というフレーズです。

Let's call it a day.

第5章

中学機能語

76語

中学で学ぶ「前置詞」「接続詞」「代名詞」「助動詞」「間投詞」をまとめて紹介します。どれも文をつくるのに必須の単語ばかりです。間投詞は感情を表現するのに便利です。それぞれの用法をおさえて、フレーズで練習しましょう。

CD-2|32 〜 CD-2|38

前置詞は名詞を従える

◎ 前置詞の役割

前置詞は通常、後に名詞（相当語句）を従える先導的な役割をします。日本語と語順が逆ですので、「前置詞 + 語句」という形をインプットしましょう。

> **near the station**（駅の近くに）
> 前置詞 + 名詞
>
> ※名詞相当語句とは、代名詞や動名詞など名詞の役割をする語句のことです。
>
> **without crying**（泣かずに）
> 　前置詞 + 動名詞

◎ 前置詞の位置

My office is near the station.（オフィスは駅近です）のように、「前置詞 + 語句」が主語を説明する形もあれば、This is a picture of my sister.（これは姉の写真です）のように、「前置詞 + 語句」が前の名詞を説明する形もあります。

> **場所**
> **in Japan**（日本で）
> **on the desk**（机の上に）
> **by the window**（窓のそばに）
> **under the bed**（ベッドの下に）

> **時**
> **at noon**（正午に）
> **on June 3rd**（6月3日に）
> **before lunch**（昼食の前に）
> **during the show**（ショーの間に）

> **状況など**
> **on the phone**（電話で）
> **with my wife**（妻と一緒に）

✪ ポイント　前置詞の後は名詞（相当語句）が続く！

接続詞は仲介役

◉ 接続詞の役割

接続詞は語(句)と語(句)や文と文を結ぶ役割をします。言わば、同じ仲間同士を結ぶ仲介役ですね。大きく分けて、andやor、butなどの「等位接続詞」と、whenやif、becauseなどの「従位接続詞」の2種類があります。

等位接続詞

chicken or beef (鶏肉または牛肉)
　名詞 + or + 名詞

sunny but cold (晴れているが寒い)
　形容詞 + but + 形容詞

✪ **ポイント**　等位接続詞は同じ品詞を結ぶ!

従位接続詞

従位接続詞は、2つの節を結ぶ働きをする語です。つまり、従位接続詞の後には節(主語 + 動詞)が続きます。文字通り、主節は主に言いたい部分、従節は主節の内容に条件を付けます。

I read books when I have time. (私は時間があるとき、読書をします)
　　主節　　　　　　　従節

※主節を文の後半に置くこともできます。

If you're busy, I'll help you. (忙しいなら、手伝いますよ)
　　従節　　　　　　　主節

✪ **ポイント**　従位接続詞の後には「主語 + 動詞」が続く!

第5章　機能語

代名詞は名詞の代役

◎ 代名詞の役割

代名詞は文字通り、名詞の代わりをします。英語は名詞の繰り返しを避ける傾向が強いので、代名詞が大活躍します。

> **指示代名詞**
>
> this（これ）と that（あれ；それ）、そしてそれぞれの複数形 these、those の４つがあります。
>
> 〈プレゼントを渡しながら…〉
> **This is something for you.**（これはあなたに）
>
> ※目に見えないものにも使います。
> **That's a great idea!**（素晴らしい考えね）

> **不定代名詞**
>
> 代表的なものに one があります。前出の可算名詞の１つを表します。
>
> 〈駐車場で…〉
> **Where is your car? — That black <u>one</u>.**
>
> one ＝ car
>
> （あなたの車はどこ？――あの黒い車だよ）

✪ ポイント　英語は名詞の繰り返しが嫌い！

その他、関係代名詞もあり、代名詞の種類は豊富です。のちほど種類別に詳しく見ていきます。

助動詞は動詞プラスα

⦿ 助動詞の役割

助動詞は文字通り、動詞を助ける働きをします。can（〜できる）なら、動詞に「能力」や「可能」の意味が加わります。

> **She speaks Japanese.** （彼女は日本語を話します）
> ⇩
> **She can speak Japanese.** （彼女は日本語を話すことができます）
> 　　助動詞（能力）＋ 動詞
>
> **Doors on the left will open.** （左側のドアが開きます）
> 　　　　　　　　　　助動詞（未来）＋ 動詞
>
> ※ be動詞の前に置くこともできます。
> **He must be busy.** （彼は忙しいに違いありません）
> 　助動詞（推量）＋ 動詞

✪ **ポイント**　助動詞は動詞の前に置いて動詞を補助する！

⦿ 会話で重要な助動詞

shallやcouldなど、会話の疑問文でよく使う助動詞があります。勧誘や提案、申し出、依頼、許可などを表します。これらは助動詞そのものの意味を意識するよりも、定型表現としてマスターしましょう。

> **Shall we 〜？**（〜しませんか）〈勧誘・提案〉
> **Shall I 〜？**（〜しましょうか）〈申し出〉
> **Could you 〜？**（〜してくださいませんか）〈依頼〉など。

第5章　機能語

1 前置詞 29語

CD-2 | 32　　　　　　　　　　　　▼ 使いこなすヒント

☐ **about** [əbáut]	～について	
☐ **across** [əkrɔ́ːs]	～を横切って	動詞 cross（～を横切る）との使い分けに注意。
	～の向かいに；(こちら側から)～の向こう側へ；(あちら側から)～のこちら側へ	
☐ **after** [ǽftər]	～の後で	接続詞の用法もある(p.192)。
☐ **against** [əgéinst]	～に反対して	反意語の「～に賛成して」は for。
	～に対抗して	
☐ **along** [əlɔ́ːŋ]	～に沿って	go along the street だと「通り沿いに行く」の意味。
☐ **among** [əmʌ́ŋ]	～の中で；～の間で	通常、2者間は between、3者以上については among を使う。
☐ **around** [əráund]	～の周りに	副詞の用法もある。take a look around（周りを見回す）
	～のあちこちに	

> **会話の カギ** 前置詞には慣用的に動詞などと結びついて使われるものがあります。live in（〜に住む）、I'm against（〜に反対だ）などはこのままで覚えてしまうと、使うときに便利です。

▼ 英会話フレーズ

- **I read an article about global warming.**
  地球温暖化に関する記事を読みました。

- **We walked across the bridge.**
  私たちは橋を歩いて渡りました。

- **They are in the café across the street.**
  彼らは通りの向かいのカフェにいます。

- **What shall we do after lunch?**
  昼食後は何をしましょうか。

- **I'm against the city plan.**
  私はその都市計画に反対です。

- **Did you watch the game against the Giants yesterday?**
  昨日のジャイアンツ戦の試合を見ましたか。

- **I walk my dog along the river every morning.**
  私は毎朝、川沿いに犬の散歩をします。

- **This magazine is popular among working women.**
  この雑誌は働く女性の間で人気です。

- **I saw people jogging around the Imperial Palace.**
  皇居の外周をジョギングしている人たちを見ました。

- **I'll show you around the town.**
  私が町（のあちこち）を案内しましょう。

第5章 機能語

			▼ 使いこなすヒント
☐ **as** [ǽz]		～として	接続詞の用法もある (p.192)。
☐ **at** [ǽt]		〈場所〉～で［に］	〈場所〉については、空間をイメージする in に対し、at は点をイメージする。〈関連を示して〉「～の点で」の意味もある。
		〈方向・対象〉～を	
		〈時の一点〉～に	
☐ **before** [bifɔ́ːr]		～の前に	after と同様、接続詞もある。〈時〉だけでなく〈空間〉についても使う。
☐ **between** [bitwíːn]		〈時間・空間〉～の間に［で］	between A and B は p.216 参照。
		〈比較・区別〉～の間の	
☐ **by** [bái]		〈手段・方法〉～で	
		〈動作主〉～によって	受け身の文では〈by + 動作主〉で「～によって」という意味になる。
		〈時間〉～までには	
		〈空間〉～のそばに	

▼ 英会話フレーズ

- I used to work **as** a secretary.
  私はかつて秘書として働いていました。

- Let's meet **at** the station.
  駅で会いましょう。

- Look **at** that man.
  あの男の人を見て。

- I got up **at** six this morning.
  今朝は6時に起きました。

- I'll call you **before** leaving home.
  家を出る前に電話します。

- Please come **between** three and four o'clock.
  3時から4時の間に来てください。

- What's the difference **between** the two?
  両者の違いは何ですか。

- Did you come **by** bus?
  バスで来たのですか。

- This picture was painted **by** a five-year-old boy.
  この絵は5歳の男の子によって描かれました。

- The meeting will be over **by** six.
  会議は6時までには終わるでしょう。

- We stayed at a hotel **by** the beach.
  私たちはビーチのそばのホテルに滞在しました。

▼ 使いこなすヒント

☐ **during** [djúəriŋ]	〜の間（ずっと）	「期間のうちの一時点」と「期間中ずっと」の2通りの意味がある。
☐ **for** [fɔ́ːr]	〈利益〉〜のために	他に、〈目的〉「〜を求めて」、〈理由・原因〉「〜のために」、〈観点〉「〜にとっては」の意味もある。また、It is 〜 for - to ...（-にとって…することは〜だ）の構文でも使う。
	〈期間・距離〉〜の間（ずっと）	
	〈対象〉〜に対して；〜に関して	
☐ **from** [frʌ́m]	〈出所・起源・由来〉〜から；〜出身の	
	〈時間・空間〉〜から	〈空間〉の例：fall from the stairs（階段から落ちる）
☐ **in** [ín]	〈場所〉〜（の中）に	他に、〈時〉「〜に」、〈手段・方法・材料〉「〜で；〜を使って」、〈範囲・限定・分野・対象〉「〜に関して」の意味がある。〈時〉の例：in the morning（午前中に）
	〈時間の経過〉〜のうちに；〜後に	
	〈所属〉〜の中に；〜に入って	
☐ **into** [íntuː]	〈場所〉〜の中に	in + to なので、in に to（方向性）が加わったイメージ。
☐ **like** [láik]	（たとえば）〜のような；〜に似た	look [sound, taste] like 〜のように五感を表す動詞とともによく使う。

▼ 英会話フレーズ

- She fell asleep **during** the show.
  彼女は上映中に眠りに落ちました。

- The weather was nice **during** the trip.
  旅行中は（ずっと）天気がよかったです。

- I got something **for** you.
  あなたにあげるものがあります。

- The festival lasts **for** five days.
  そのお祭りは5日間続きます。

- Thank you very much **for** your quick response.
  迅速なご対応をありがとうございました。

- *Ramen* is originally **from** China.
  ラーメンはもともと中国のものです。

- I work **from** Monday to Friday.
  私は月曜日から金曜日まで働いています。

- I live **in** the northern part of Japan.
  私は日本の北部に住んでいます。

- I'll be there **in** ten minutes.
  10分でそちらへ行きます。

- I was **in** the art club at high school.
  高校では美術部に入っていました。

- She came **into** the room quietly.
  彼女は静かに部屋に入ってきました。

- That sounds **like** a great idea!
  それは素晴らしい考えです。

		▼ 使いこなすヒント
□ **near** [níər]	～の近くに	副詞では nearby という語がある。Do you live nearby? (この近くにお住まいですか)
□ **of** [áv]	〈所有・所属〉～の（所有する）	他に、〈特徴・性質を示して〉「～の」、〈同格〉「～という」の意味がある。〈同格〉の例：the city of Fukuoka（福岡市）
	〈部分〉～の中の	
	〈関連〉～について；～のことを	
□ **on** [án]	〈曜日・日時〉～に	他に、〈集団・所属〉「～に属して」、「～の状態で」、「～に従事して」の意味がある。「～に従事して」の例：on business（仕事で）
	〈表面との接触〉～の上に	
	〈方法・手段・道具など〉～で；～に乗って	
□ **over** [óuvər]	～より多い	「～より多い」は more than と同意。「～を覆って」の意味もある。
	～の上（方）に	
□ **since** [síns]	～以来	現在完了とともに使う。接続詞の用法もある(p.192)。
□ **through** [θrú:]	～を通って；～を通して	throughout という前置詞もある。throughout the year（一年中）

▼ 英会話フレーズ

- I wish I could speak **like** a native speaker.
 ネイティブスピーカーのように話せたらなあ。

- There is a shopping mall **near** my apartment.
 私のマンションの近くにショッピングモールがあります。

- Here is a picture **of** my family.
 ここに私の家族写真があります。

- Most **of** our customers are women.
 お客のほとんどが女性です。

- I've been thinking **of** you.
 ずっとあなたのことを考えています。

- The last interview is **on** July 1st.
 最終面接は7月1日です。

- Can you put it **on** my desk?
 それを私の机の上に置いてもらえますか。

- We sometimes chat **on** the phone.
 私たちはときどき、電話でおしゃべりをします。

- **Over** a hundred people came to the seminar.
 100名を超える人がそのセミナーに来ました。

- The helicopter flew **over** the hill.
 ヘリコプターはその丘の上空を飛んでいきました。

- They've been here **since** last night.
 彼らは昨夜からここにいます。

- I bought the ticket **through** the Internet.
 インターネットでチケットを買いました。

			▼ 使いこなすヒント
☐	**to** [túː]	〈方向・方角・到達点〉 〜へ；〜に；〜まで	方向や範囲について「〜まで」と言うとき、up to 〜という表現もある。
		〈動作の対象〉〜に（対して）	
☐	**under** [ʌ́ndər]	〜の下（方）に	⇔ over　いずれも接触に使える(above ⇔ belowは接触に使えない)。
		〜未満	
☐	**until** [əntíl]	〜まで（ずっと）	期限を表す by と違い、stay や wait のような継続を表す動詞とともに使う。
☐	**with** [wíð]	〈同伴〉〜と一緒に	他に、〈関連〉「〜に関して」、〈原因・理由〉「〜のせいで」の意味がある。〈関連〉の例：help 〜 with ...（〜が…するのを手伝う）
		〈所有〉〜を持っている；〜がある	
		〈手段・道具〉〜で；〜を使って	
☐	**without** [wiðáut]	〜なしで；〜のない	〈所有〉を表す with の反意語。後に -ing 形を続けると「〜しないで」の意味に。

▼ 英会話フレーズ

- I'll go back **to** the office around five.
  5時頃にオフィスに戻ります。

- If you're interested, talk **to** Mr. Endo.
  ご興味があれば、遠藤さんと話してください。

- I found a pen **under** the desk.
  机の下にペンを見つけました。

- It's free for children **under** six years old.
  6歳未満の子供は無料です。

- I wonder if you could wait **until** next Monday.
  来週の月曜日まで待っていただけないでしょうか。

- Can you come **with** me?
  私と一緒に来られますか。

- I'm looking for a jacket **with** pockets.
  ポケットのあるジャケットを探しています。

- Do you eat spaghetti **with** a fork and a spoon?
  あなたはスパゲッティをフォークとスプーンで食べますか。

- It's hard for me to do the work **without** any help.
  誰の助けも借りずにその仕事をするのは私にとって大変です。

2 接続詞 14語

等位接続詞 CD-2|33

▼ 使いこなすヒント

and [ǽnd]
～と…；そして
順接関係を結ぶ。3つ以上の並列も可。

そうすれば

but [bʌ́t]
～だが…；しかし
逆接関係を結ぶ。文頭で使うのは口語。I'm sorry [Excuse me], but ... のような定型表現も。

or [ɔ́r]
～かまたは…；それとも
選択肢を結ぶ。選択肢は3つ以上も可。

さもないと

so [sóu]
～なので…；だから；〈文頭で〉では
and や but と違い、語（句）と語（句）を結ぶことはない。文頭で使うのは口語。

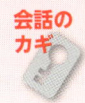

> **会話の カギ** 接続詞はそれぞれの用法を文で覚えておくことが大切です。等位接続詞と従位接続詞に分けて、使いやすい会話例文で紹介しますので、しっかり練習しておきましょう。

▼ 英会話フレーズ

- **I have a brother and a sister.** 〈名詞 + 名詞〉
  私には兄と妹がいます。

- **He is good-looking, considerate, and intelligent.** 〈形容詞 + 形容詞〉
  彼は見た目がよく、気が利き、そして知的です。

- **Hurry up, and you'll be able to catch the last train.** 〈命令文 + 文〉
  急いで。そうすれば最終電車に間に合いますよ。

- **This box is small but heavy.** 〈形容詞 + 形容詞〉
  この箱は小さいが、重い。

- **I want to go to the restaurant, but it's always busy.** 〈文 + 文〉
  そのレストランに行きたいのですが、いつも混んでいます。

- **I'm sorry, but I can't go.** 〈文 + 文〉
  すみませんが、行けないのです。

- **Which would you like to eat, soba, tempura, or sushi?** 〈名詞 + 名詞〉
  そばと天ぷら、お寿司ではどれが食べたいですか。

- **Do you want to eat out, or shall I cook something?** 〈文 + 文〉
  外食したいですか、それとも何か作りましょうか。

- **Practice more, or you'll lose the match.** 〈命令文 + 文〉
  もっと練習しなさい。さもないと試合に負けますよ。

- **I got tired, so I sat down on the bench.** 〈文 + 文〉
  疲れたので、ベンチに座りました。

- **So, you were not there.** 〈文頭・口語〉
  じゃあ、君はそこにいなかったんだ。

従位接続詞　CD-2 | 34　▼ 使いこなすヒント

☐ **when** [hwén]	〜するとき	when 節以下の動詞は、未来のことでも現在形で表す。
☐ **while** [hwáil]	〜する間	〈during + 語句〉と使い分ける。
☐ **if** [íf]	もし〜ならば	when と同様、if 節以下の動詞は、未来のことでも現在形で表す。
☐ **because** [bikɔ́:z]	(なぜなら) 〜だから	〈because 節 + 主節〉の順は堅いので、特に口語ではあまり使われない。
☐ **since** [síns]	〜して以来	前置詞の用法は p.186 参照。
☐ **after** [ǽftər]	〜した後に	時制は現在・未来・過去のいずれでも使える。前置詞の用法は p.180 ページ。
☐ **before** [bifɔ́:r]	〜する前に	使い方は after と同じ。前置詞の用法は p.182 ページ。
☐ **as** [ǽz]	〜のとおりに；〜するように；〜するときに；〜しながら；〜するにつれて	as 〜 as ... の後ろの as も接続詞 (前の as は副詞)。熟語は p.222 参照。
☐ **than** [ðǽn]	〜よりも	形容詞・副詞の比較級とともに使う。
☐ **that** [ðǽt]	〜ということ	省略することが多い。

▼ 英会話フレーズ

- Could you call me **when** you finish?
  終わったら呼んでいただけますか。

- Did anyone visit me **while** I was out?
  外出中に誰か私を訪ねて来ませんでしたか。

- **If** it rains, the event will be canceled.
  雨が降ったらイベントは中止です。

- I stayed home **because** I had a cold.
  風邪をひいていたので家にいました。

- I've lived in this town **since** I was born.
  私は生まれてからずっとこの町に住んでいます。

- I want to travel around the world **after** I retire.
  定年退職をした後に世界一周旅行をしたい。

- Why don't we have lunch **before** the game starts?
  試合が始まる前に昼食をとりませんか。

- **As** you can see, lots of people are standing in line.
  ごらんの通り、大勢の行列ができています。

- He became handsome **as** he got older.
  彼は歳をとるにつれて、ハンサムになりました。

- She has more comics **than** I do.
  彼女は私よりも多くのマンガを持っています。

- Did you know (**that**) she had a twin sister?
  彼女に双子の姉妹がいると知っていましたか。

- I'm sure (**that**) he'll be a great player.
  きっと彼はすばらしい選手になると思います。

第5章 機能語

3 代名詞 18語

指示代名詞・関係代名詞 CD-2 | 35

▼ 使いこなすヒント

☐ **this** [ðís]	〈指示代名詞〉これ	人を指すこともできる。写真を見ながら、Who is this? (この人は誰ですか)。
☐ **these** [ðíːz]	〈指示代名詞〉これら	this の複数形。
☐ **that** [ðǽt]	〈指示代名詞〉あれ；それ；(先述を差して) そのこと	this と同様、人を指すこともできる。
	〈関係代名詞〉先行詞が「物」のときに使う。	先行詞が「物」のときは which よりも that を使う方が多い。また、目的格の関係代名詞は省略することが多い。
☐ **those** [ðóuz]	〈指示代名詞〉あれら；それら	that の複数形。
☐ **it** [ít]	〈非人称〉訳さない	天候や寒暖、日時、距離、時間、費用などを表すときに用いる。
☐ **which** [hwítʃ]	〈関係代名詞〉先行詞が「物」のときに使う。	疑問詞では「どれ；どちら；どの；どちらの」の意味。that と同様、目的格の関係代名詞は省略することが多い。また、which は非制限用法で使うことが多い。
☐ **who** [húː]	〈関係代名詞〉先行詞が「人」のときに使う。	疑問詞では「だれ」の意味。

> **会話の カギ** 日本語では「これ・それ・あれ」と使い分けますが、英語の指示代名詞は this/these(これ／これら)と that/those(それ／それら)の 2 種類です。

▼ 英会話フレーズ

- Is **this** your car?
  これはあなたの車ですか。

- Do you know what **these** are?
  これらが何だかわかりますか。

- **That** sounds interesting.
  (相手の言ったことに対して)それは面白そうですね。

- I went to the café **that** has just opened. 〈関係代名詞の主格〉
  オープンしたばかりのカフェに行きました。

- Did you take the book (**that**) I put on the table? 〈関係代名詞の目的格〉
  テーブルに置いた本を取りましたか。

- These shoes look nice. — Well, I like the black ones better than **those**.
  この靴は素敵だね。—う〜ん、私はそれよりも黒い方が好きだわ。

- **It**'s very cold today.
  今日はとても寒いです。

- **It** took me a week to read the book.
  その本を読むのに 1 週間かかりました。

- Japanese is a language **which** is difficult to learn. 〈関係代名詞の主格〉
  日本語は習得が難しい言語です。

- There's a new TV program (**which**) you might like. 〈関係代名詞の目的格〉
  あなたが気に入るかも知れない新番組があります。

- Is there anyone **who** can fix the copy machine? 〈関係代名詞の主格〉
  そのコピー機を修理できる人はいますか。

不定代名詞 CD-2|36 ▼使いこなすヒント

見出し	意味	ヒント
something [sʌ́mθiŋ]	何か	疑問文・否定文では通常、anything を使う。
anything [éniθiŋ]	（疑問文・否定文で）何か；何も；（肯定文で）何でも	疑問文でも依頼や申し出などでは something をよく使う。
someone [sʌ́mwʌ̀n]	誰か	疑問文・否定文では通常、anyone を使う。
nothing [nʌ́θiŋ]	何も～ない	not ～ any と比べて否定の度合いが強い。
everyone [évriwʌ̀n]	みんな；だれでも	every や any、no のつく代名詞は三人称単数扱い。
all [ɔ́ːl]	全部；全員；すべて	形容詞としても使う。all sports（すべてのスポーツ）
each [íːtʃ]	それぞれ	形容詞としても使う。each page（各ページ）
most [móust]	大部分；大半；ほとんど	可算名詞・不可算名詞の両方について使う。形容詞との違いに注意。most people（大半の人）
one [wʌ́n]	（前出の可算名詞の代わりに）～なもの	複数なら ones。
	1つのもの［人］	不可算名詞なら some。たとえば右の文で scones が soup だと、one は some となる。
some [sʌ́m]	（前出の名詞の代わりに）いくつか；いくらか	one と違い、可算名詞・不可算名詞の両方に使う。
other [ʌ́ðər]	ほかのもの［人］；（複数形で）他人	some ～ others ... は p.224 参照。

▼ 英会話フレーズ

- I have **something** to tell you.
  あなたに言うことがあります。

- Do you need **anything** else?
  他に必要な物はありますか。

- I know **someone** who speaks French.
  私はフランス語を話す人を知っています。

- I have **nothing** to do today.
  今日は何もすることがありません。

- **Everyone** in that company speaks English.
  その会社の人は全員、英語を話します。

- I want to try **all** of the cakes in this shop.
  この店のケーキを全部食べてみたい。

- I'll ask **each** of you a different question.
  みなさんにそれぞれ異なる質問をします。

- I didn't understand **most** of the story.
  ストーリーの大部分が理解できませんでした。

- I'm looking for a hat for summer. – How about this **one**?
  夏用の帽子を探しています—これはどうですか。　　※ one = hat

- I made scones. Would you like **one**?　　※ one = a scone
  スコーンを作りました。おひとついかが？

- I used **some** of the cheese for the pasta.
  パスタを作るのにそのチーズのいくらかを使いました。

- You should respect **others**.
  あなたは他人を尊重すべきです。

第5章　機能語

4 助動詞 9語

▼ 使いこなすヒント

☐ **can** [kǽn]	〈能力・可能〉〜することができる 〈許可〉〜してもよい	否定形は can't [cannot] で、会話では通常、短縮形の can't を使う。否定文は「〜することができない」のほかに、「〜してはいけない」という禁止の意味もある。
☐ **could** [kúd]	〈can の過去形〉〜することができた	〈能力・可能〉の過去としては、否定形 couldn't [could not] で使うことが多い。時制の一致や仮定法などでも使う。
☐ **may** [méi]	〈許可〉〜してもよい 〈推量〉〜かもしれない	〈許可〉は疑問文でよく使う。
☐ **might** [máit]	〈may の過去形〉 〈推量〉〜かもしれない	〈推量〉は会話では may よりも might をよく使う。
☐ **must** [mʌ́st]	〈義務・必要〉〜しなければならない 〈推量〉〜にちがいない	〈義務・必要〉では、have to 〜という表現をよく使う。実際、must は〈義務・必要〉の意味で使うことは少ない。I must eat something.（何か食べなければ）だと、〈義務・必要〉というより、単に I'm very hungry. という意味合い。

> **会話のカギ** よく使う助動詞には複数の意味があります。can なら能力だけでなく、可能、許可、(否定にして) 禁止の意味があります。例文でそれぞれの用法をチェックしておきましょう。

▼ 英会話フレーズ

- He **can** speak three languages. 〈能力〉
  彼は3カ国語を話せます。

- **Can** we go on a bus tour tomorrow? 〈可能〉
  明日、バスツアーに参加できますか。

- **Can** I use the bathroom? 〈許可〉
  トイレを借りてもいいですか。

- You **can't** park your car here. 〈禁止〉
  ここに駐車してはいけませんよ。

- I **couldn't** get the ticket. 〈(不) 可能〉
  私はチケットを入手できませんでした。

- She said she **could** finish it by Friday. 〈時制の一致〉
  彼女は金曜日までに終わらせることができると言いました。

- **Could** you come over here? 〈仮定法〉
  こちらに来てもらえますか。

- **May** I ask you a question? 〈許可〉
  質問をしてもよいでしょうか。

- There **might** be something wrong with the machine. 〈推量〉
  機械のどこかが故障しているかもしれません。

- I **must** go now. 〈必要〉
  もう行かねば。

- You **must** be hungry. 〈推量〉
  お腹がすいているでしょう。

			▼ 使いこなすヒント
		〈勧誘〉ぜひ~してください	You must ~では「ぜひ~してください」と強い勧誘を表すこともある。
		〈禁止〉〈must not〉~してはいけません	否定形は mustn't [must not] で、「~してはいけない」という禁止の意味になる。会話では can't のほうをよく使う。
☐	**shall** [ʃǽl]	〈申し出〉(Shall I ~ ?)~しましょうか。	会話では、肯定文・否定文はめったに使わない。
		〈提案・勧誘〉(Shall we ~ ?) ~しませんか。	
☐	**should** [ʃúd]	〈弱い義務〉~すべきだ	shall の過去形。
		〈提案〉~したほうがよい	
☐	**will** [wíl]	〈主語の意志〉~します;~しようと思います	主に話者(1人称)がその場で決めたことを述べるときに使う。この意味では短縮形を使う。
			否定文で「~するつもりはない」のような主語の強い意志を表すことができる。
		〈話者の推測〉~でしょう	話者が主に3人称(I/we/you 以外)のことについて話すときに使うことが多い。
☐	**would** [wúd]	〈will の過去形〉	could と同様、時制の一致や仮定法などでも使う。

▼ 英会話フレーズ

- If you come to Tokyo, you **must** visit Tsukiji Market.
  東京に来るなら、ぜひ築地市場に行ってみてください。〈強い勧誘〉

- You **mustn't** swim outside the safe area. 〈禁止〉
  安全区域外で泳いではいけません。

- **Shall** I carry your bag? 〈申し出〉
  かばんを運びましょうか。

- **Shall** we go now? 〈提案・勧誘〉
  そろそろ行きませんか。

- We **should** update the software. 〈弱い義務〉
  ソフトウェアをアップデートすべきだ。

- You **should** take a bus from the station. 〈提案〉
  駅からバスに乗ったほうがいいですよ。

- The phone is ringing. **I'll** get it. 〈主語の意志〉
  電話が鳴っているね。私が出るよ。

- It's a nice house, but we **won't** buy it. 〈主語の意志〉
  素敵な家ですが、私たちは買いません。

- He **will** be happy to hear that. 〈話者の推測〉
  彼はそれを聞いたら喜ぶでしょう。

- The train **won't** be late. 〈話者の推測〉
  電車は遅れないでしょう。

- Lisa said she **would** leave soon. 〈時制の一致〉
  リサはもうすぐ出ると言いました。 ※主語の意志を表すwill。つまり、Lisa が I'll leave soon. と言った。

- **I'd** [I **would**] like to reserve a table. 〈仮定法〉
  テーブルを予約したいのですが。

5 間投詞 6語

▼ 使いこなすヒント

bye [bái]	さようなら；じゃあね	goodbye [good-bye] を短くした形。
hey [héi]	おい！；ねえ；ちょっと	くだけた表現。見知らぬ人への呼びかけとしても使う。hi は p.232 参照。
oh [óu]	あら；おや；まあ	驚きを表すときや、相づちなどで。ポジティブ・ネガティブどちらにも使う。
OK [óukéi]	よろしい；はい；いいよ；わかりました	イントネーションにもよるが、さほどポジティブな返事ではないことが多い。
well [wél]	ええと；そうですね；う～ん	ためらったり、考えたりするために間を置くときに使う。
wow [wáu]	わあ；ああ；まあ	驚きや喜びを表すときに使う。

Oh, my goodness!

> **会話のカギ** 間投詞とは喜怒哀楽の感情をはっきりと表す言葉で、文の一部となったり、独立して使われたりします。中学レベルでは、bye や hey、OK など、日常生活で多用するものばかりです。

▼ 英会話フレーズ

- See you on Monday. — **Bye**.
  月曜日に会いましょう。―さようなら。

- **Hey**! You dropped something.
  ちょっと！　何か落としましたよ。

- **Oh**, my goodness!
  何てこった！

- How was the food? — It was **OK**.
  料理はどうだった？―良くも悪くもないね。

- Did you enjoy the concert? — **Well**, actually, I couldn't go.
  コンサートは楽しかった？－ええと、実は行けなかったんだ。

- Well, I became a father. – **Wow**! Congratulations! A boy or a girl?
  ええと、父親になったんだ。―わあ！　おめでとう！　男の子？　女の子？

第5章　機能語

とっておき中学英単語 ⑤ one

不定代名詞の one は「可算名詞の1つ」を表します。the や this、that、which などとセットで使い、特定の人やモノを表します。例えば、相手が女の子2人の写真を見ている場面です。

あなた：That's my sister.（それは妹よ）
相手：Which one?（どっち？） ※ one は「人」
あなた：The one in a hat.（帽子をかぶっているほうよ）

可算名詞・複数の代わりに用いる場合、one も複数形です。例えば、2着のズボンを手にした店員に I like those black ones better.（そちらの黒いほうがいいですね）などと言えます。※ ones＝pants

前出の可算名詞の繰り返しを避ける one の用法も重要です。

I borrowed three DVDs. Do you want to watch one tonight?
（DVDを3枚借りたの。今夜1枚見ない？）※ one＝a DVD

第6章
中学熟語・会話表現
149語

中学で学ぶ熟語は生活の中でよく使うものばかりです。「動詞句」、「be + 形容詞 〜」、「to 不定詞」などに分類して紹介します。会話表現のコーナーもあります。会話フレーズで口慣らしをして、スムーズに使えるようにしましょう。

CD-2 | 39 〜 CD-2 | 46

熟語って何？

　熟語とは、2語以上の語が組み合わさってできた語句のことです。go home のような句動詞（動詞 + 語句）や、be interested in のように「be 動詞 + 形容詞」がメインの熟語、in front of のように前置詞の役割をする熟語までさまざまです。

　だいたいの熟語は個々の単語から意味が推測できます。よって、英熟語＝日本語の意味、といった「熟語を覚える」機械的な作業よりも、個々の単語のイメージを持っているほうが幅広く応用が利きます。

I got home at ten. （私は10時に帰宅しました）
＊ get（着く）+ home（家に）= get home（家に着く＝帰宅する）

It was cloudy all day. （一日中曇っていました）
＊ all（すべての）+ day（1日）= all day（1日すべて＝一日中））

　個々の単語から推測しにくい熟語はそのまま覚えてしまいましょう。

We smiled at each other. （私たちは互いにほほえみ合いました）

By the way, what do you do? （ところで、お仕事は何ですか）

◉ **熟語の位置**

句動詞や「be 動詞 + 形容詞 + 前置詞」の形をした熟語は文中での役割がわかりやすいですが、前置詞や副詞の働きをする熟語は、その熟語がどの語（句）を修飾しているかがポイントになります。

> **We met in front of the bank.** （私たちは銀行の前で会いました）
> 副詞句「銀行の前で」が動詞「会った」を修飾
>
> **I went to the café in front of the bank.** （銀行の前のカフェに行きました）
> 前置詞句「銀行の前の」が前の名詞「カフェ」を修飾

同じ in front of ～でも修飾している語句の要素が違いますね。前置詞句や副詞句といった文法用語に神経質になる必要はありません。重要なのは、どの語句とどの語句が修飾関係にあるのかを常に意識することです。

ここで改めて日本語と英語を比べてみましょう。日本語と英語の語順が逆であることがわかりますね。

「銀行の前で会う」

meet in front of the bank

「銀行の前のカフェ」

the café in front of the bank

✪ **ポイント**　英語では、修飾語句は説明したい語（句）の後に続ける！

1 句動詞 36語

		▼ 使いこなすヒント
☐ agree with	〜に同意する；〜に賛成する	with の後には通常「人」が来る。agree の反意語は disagree。
☐ call 〜 back	〜に折り返し電話をする	call 〜 again は「〜にもう一度電話をする」。
☐ cheer 〜 up	〜を元気づける	Cheer up!（元気を出して！）も覚えておこう。
☐ come back	戻ってくる	実際は、be back で表すことが多い。
☐ come true	（夢が）実現する	come には形容詞を伴って「〜になる」の意味がある。「本当になる」→「実現する」
☐ find out	〜を見つけ出す；〜だとわかる	単なる他動詞 find（〜を見つける）との違いに注意。
☐ get home	帰宅する；家に着く	この get は「着く」の意味。
☐ get off	（電車やバス）を降りる	⇔ get on（〜に乗る）
☐ get on	（電車やバス）に乗る	「〜に乗っていく」の take と区別する。
☐ get up	起きる	wake up が「（自然と）目が覚める」であるのに対し、get up は起きて行動するイメージ。
☐ give up	あきらめる	「〜をやめる」の意味もある。
☐ go away	立ち去る；行ってしまう；（旅行などで）家を空ける	away は「離れて」を表す副詞。

> **会話の カギ** 句動詞には〈動詞 + 前置詞〉と〈動詞 + 副詞〉があります。また、目的語を動詞の直後に置くタイプと、前置詞・副詞の後に置くタイプがあります。

▼ 英会話フレーズ

- I **agree with** you.
  あなたに賛成です。

- Please tell him to **call** me **back**.
  彼に折り返し電話をするように伝えてください。

- Let's **cheer** her **up**.
  彼女を元気づけましょう。

- I'll **come back** before the meeting starts.
  会議が始まる前に戻ってきます。

- I hope your dream **comes true**.
  夢がかなうといいですね。

- Let's **find out** who did it.
  誰がそれをしたのか見つけ出しましょう。

- What time did you **get home** yesterday?
  昨日は何時に家に着きましたか。

- Let's **get off** here and walk.
  ここで降りて歩きましょう。

- Millions of people **get on** and off trains at Shinjuku Station every day.
  毎日、何百万もの人が新宿駅で電車を乗り降りします。

- I usually **get up** at six.
  私はたいてい6時に起きます。

- Don't **give up**!
  あきらめないで！

- She told him to **go away**.
  彼女は彼に出ていくように言った。

▼ 使いこなすヒント

☐ **go home**	帰宅する	到着点をイメージする get home（家に着く）と比べ、go home は家に帰る途中も含む。
☐ **go out**	外へ出る；外出する	out は「外へ」という副詞。
☐ **go shopping**	買い物をする	日常の買い物は do the shopping とも言う。
☐ **go to bed**	寝る	「ベッドへ行く」→「床につく」。sleep（眠る）や fall asleep（眠りに落ちる）と使い分ける。
☐ **have a good time**	楽しく過ごす	good の代わりに great や wonderful なども使える。
☐ **hear of**	～（のこと）を耳にする	「(意識的に)聞く」のではなく、「(自然に)耳に入る」イメージ。
☐ **help ～ with ...**	～が…するのを手伝う	with の後は名詞（相当句）がくる。
☐ **keep ～ ing**	～し続ける	keep on ～ ing とも言う。
☐ **listen to**	～を聞く	「耳を傾けて聞く」という意味合い。「(人)の言うことを聞く」の意味も。
☐ **look at**	～を見る	「注意して見る」という意味合い。
☐ **look for**	～を探す	「(探して)見つける」の find と使い分ける。
☐ **look forward to**	～を楽しみに待つ	to の後は名詞または動名詞がくる。
☐ **look like**	～と似ている	like の後は名詞（相当句）がくる。〈look ＋ 形容詞〉（～に見える）と区別する。

▼ 英会話フレーズ

- Let's **go home**.
  家に帰りましょう。

- Why don't we **go out** for lunch?
  昼食を食べに行きませんか。

- I like to **go shopping** on weekends.
  週末は買い物に行くのが好きです。

- I **went to bed** early last night.
  昨夜は早く寝ました。

- Did you **have a good time** in Italy?
  イタリアでは楽しく過ごしましたか。

- Have you **heard of** the new product?
  新製品のことを聞きましたか。

- Could you **help** me **with** the cooking?
  料理を手伝ってもらえませんか。

- She **kept** talk**ing**.
  彼女は話し続けました。

- I often **listen to** music at home.
  家ではよく音楽を聞きます。

- **Look at** this picture.
  この写真を見てください。

- I'm **looking for** a travel bag.
  旅行かばんを探しています。

- I'm **looking forward to** seeing you.
  あなたにお会いできるのを楽しみにしています。

- The brothers don't **look like** each other.
  その兄弟はお互いに似ていません。

第6章 熟語・会話表現

		▼ 使いこなすヒント
☐ **put on**	～を着る； ～を身につける	⇔ take off（～を脱ぐ） wearと違って「身につける」動作を表す。
☐ **show ~ around**	～を案内して回る	aroundは「あたりを」という副詞。
☐ **sit down**	座る	「お座りください」は(Please) Have a seat.と言う。⇔ stand up
☐ **stand up**	立つ；立ち上がる	standは「立つ；立っている」で、stand upだと「立ち上がる」の意味。
☐ **take a bath**	お風呂に入る；入浴する	「シャワーを浴びる」はtake a shower。
☐ **take a picture**	写真を撮る	take a photoでもよい。
☐ **take care of**	～の世話をする；～の面倒をみる	イギリス英語ではlook afterが一般的。
☐ **talk with**	～と話をする	「相談する」というイメージ。単に「～と話す」の意味ではtalk toもよく使う。
☐ **think of**	～のことを考える[思う]	think about（～について考える）という表現もある。
☐ **try ~ on**	～を試着する	身につける物全般に使う。
☐ **turn off**	（明かりなど）を消す；（スイッチ）を切る	⇔ turn on（[明かりなど]をつける；[スイッチ]を入れる）

▼ 英会話フレーズ

- It was very cold, so I **put on** my gloves.
  とても寒かったので、手袋をはめた。

- I'll **show** you **around**.
  このあたりをご案内しましょう。

- We **sat down** under the tree.
  私たちは木の下に座りました。

- Everyone was excited and **stood up**.
  みんな興奮して立ち上がった。

- I usually **take a bath** before dinner.
  私はたいてい夕食の前にお風呂に入ります。

- I **took** a lot of **pictures** during the trip.
  旅行中、たくさんの写真を撮りました。

- Who will **take care of** your dog while you're away?
  不在の間、誰があなたの犬の世話をするのですか。

- I need to **talk with** my husband about it.
  それについては夫と話をしなければなりません。

- What do you **think of** his works?
  彼の作品をどう思いますか。

- Can I **try** this **on**?
  これを試着してもいいですか。

- Please **turn off** all the lights when you leave.
  出かけるときはすべての明かりを消してください。

2 be ＋ 形容詞 〜 12語

CD-2 | 40　　　　　　　　　　▼ 使いこなすヒント

☐	**be able to**	〜することができる	能力を表す。to の後には動詞の原形を続ける。
☐	**be afraid of**	〜を恐れる；〜をこわがる	of の後には名詞（相当句）がくる。
☐	**be born**	生まれる	grow up（育つ）、raise（〜を育てる）も一緒に覚えておこう。
☐	**be different from**	〜と異なる	different の名詞形は difference（違い）。
☐	**be famous for**	〜で有名である	be known for（〜で知られている）という表現もある。
☐	**be good at**	〜が得意だ	good は poor や terrible などに置き換えられる。
☐	**be interested in**	〜に興味がある	get[become] interested in（〜に興味をもつ）という表現もある。
☐	**be proud of**	〜を誇りに思う	proud の名詞形は pride（誇り）。
☐	**be ready for**	〜の準備ができた	be ready to *do* だと「〜する準備ができた」。
☐	**be worried about**	〜を心配する	about の代わりに that 節を続けることも可能。
☐	**I'm afraid (that) 〜.**	残念ながら［あいにく］〜です	良くないことを述べるときにこう始めると、語気がやわらぐ。会話では普通 that を省略する。
☐	**I'm glad (that) 〜.**	〜がうれしい	I'm glad to hear[know] that 〜（〜と聞いて［知って］うれしい）という表現でよく使う。

> **会話のカギ** 〈be + 形容詞 + 前置詞 [that 節]〉の熟語を中心に紹介します。組み合わせる前置詞に注意しながら練習しましょう。

▼ 英会話フレーズ

- He might **be able to** win the contest.
  彼はそのコンテストで優勝できるかもしれません。

- Don't **be afraid of** making mistakes.
  間違いを恐れてはいけない。

- She **was born** on New Year's Day.
  彼女は元日に生まれました。

- My idea **is different from** yours.
  私の考えはあなたの考えと違います。

- My town **is famous for** its castle.
  私の町はお城で有名です。

- I'm not very **good at** computers.
  コンピュータはあまり得意ではありません。

- I'm **interested in** French movies these days.
  最近、フランス映画に興味があります。

- I'm very **proud of** my son.
  息子をとても誇りに思います。

- **Are** you **ready for** the trip?
  旅の準備はできましたか。

- I'm **worried about** the cost.
  費用が心配です。

- I'm **afraid** the tickets are sold out.
  あいにくチケットは売り切れです。

- I'm **glad** I didn't buy it.
  それを買わなくてよかった。

3 前置詞や副詞の働き 25語

CD-2 | 41　　　　　　　▼ 使いこなすヒント

□ **after a while**	しばらくして	文語でよく使う。通常、文頭または文末で使う。
□ **at first**	初めは；最初は	今は状況が異なることが前提。「(順序について)始めに」は first / first of all。
□ **at home**	家で	文脈によって「自宅で；家庭で」の意味合いに。
□ **at night**	夜に	at noon (正午に) もあわせて覚えておこう。
□ **because of**	～のために；～が原因で	接続詞の because と区別する (→ p.192)。
□ **between A and B**	AとBの間に	〈between + 名詞の複数形〉だと「～の間に」の意味になる。
□ **by the way**	ところで	話題を転換したいときに使う。
□ **for a long time**	長い間	for long は通常、疑問文・否定文で使う。
□ **for example**	例えば	A, B, C, and so on (A、B、Cなど) も一緒に覚えておこう。
□ **for the first time**	初めて	at first (初めは；最初は) と区別する。
□ **in front of**	～の前で	⇔ behind (～の後ろで)
□ **in the afternoon**	午後に	文字通り、after + noon (正午の後に)。

> **会話の カギ** 中学で学ぶ前置詞を使った熟語や、副詞の働きをする熟語は at home、by the way など日常でよく使う基本的なものばかりです。用法をマスターして使いこなしましょう。

▼ 英会話フレーズ

- **After a while**, it started to snow.
  しばらくして、雪が降り始めた。

- **At first**, I didn't like him, but now he's my best friend.
  最初は彼が好きではありませんでしたが、今では親友です。

- I usually spend my weekends **at home**.
  週末はたいてい家で過ごします。

- It's a quiet, dark place **at night**.
  このあたりは、夜は静かで暗くなります。

- I was late **because of** the heavy snow.
  私は大雪のために遅刻しました。

- My office building is **between** a convenience store **and** a bookstore.
  私のオフィスビルはコンビニと書店の間にあります。

- **By the way**, how's your wife?
  ところで、奥さんは元気？

- I've wanted to buy this car **for a long time**.
  長い間この車を買いたいと思っていました。

- I often travel abroad, **for example**, to Thailand and Malaysia.
  私はよく海外旅行をします。例えば、タイやマレーシアです。

- Last week I went to see Tokyo Skytree **for the first time**.
  先週初めて東京スカイツリーを見に行きました。

- Let's meet **in front of** the hotel at nine.
  9時にホテルの前で会いましょう。

- I hope it'll clear up **in the afternoon**.
  午後は晴れるといいな。

			▼ 使いこなすヒント
☐	**in the future**	将来	for the future という表現もある。
☐	**in the morning**	朝に；午前中に	「今朝」は this morning、「明日の朝」は tomorrow morning で、いずれも前置詞は不要。
☐	**next to**	〜の隣に	前置詞 near（〜の近くに）や close to（〜のとても近くに）とあわせて覚えておこう。
☐	**out of**	〜から（外へ）	⇔ into（〜の中へ）のように1語として機能する。
☐	**over there**	向こうに；あそこに	over here だと「こちらに」。
☐	**all day**	一日中	all は他に、all morning（午前中ずっと）、all night（一晩中）のように使える。
☐	**all right**	大丈夫な	Are you all right? で「大丈夫?」、I'm all right. だと「大丈夫です」の意味。
☐	**all year round**	一年中	all year around や throughout the year とも言う。
☐	**each other**	お互い	名詞のように動詞の目的語になる点に注意。
☐	**every day**	毎日	2語で副詞的に使う。1語の everyday は形容詞で、「毎日の；日常の」の意味。
☐	**far away**	遠く離れて	far away from で「〜から遠く離れて」。肯定文では a long way (from) をよく使う。
☐	**one day**	ある日；いつか	「いつか」は some day という表現もある。
☐	**these days**	最近	today や nowadays と共に、通常、現在時制で使う。

▼ 英会話フレーズ

- What do you want to be **in the future**?
  あなたは将来何になりたいですか。

- That restaurant is closed **in the morning**.
  そのレストランは午前中閉まっています。

- Who's that woman sitting **next to** Kevin?
  ケビンの隣に座っているあの女性は誰ですか。

- We'll be **out of** town next weekend.
  来週末、私たちは留守にします。

- Can you see the sign **over there**?
  あそこの標識が見えますか。

- It rained **all day**.
  一日中雨でした。

- Don't worry. Everything will be **all right**.
  心配しないで。万事大丈夫でしょう。

- You can swim in the sea here **all year round**.
  ここでは年中海水浴ができますよ。

- We've known **each other** since we were small.
  私たちは幼い頃からの知り合いです。

- I check my e-mail **every day**.
  私は毎日メールチェックをします。

- My office is not so **far away** from the city center.
  私のオフィスは都心からそれほど離れていません。

- **One day**, a man called me.
  ある日、1人の男性が私に電話をかけてきました。

- **These days**, more and more people think about saving energy.
  最近、ますます多くの人が省エネを考えています。

4 to 不定詞 12語

CD-2 42　　　　　　　　　▼ 使いこなすヒント

□ **want to *do***	〜したい	自分の要求については、I'd like to *do* がよい。過去のことだと、I wanted to *do* で自然。
□ **would like to *do***	〜したい	I want to *do* の丁寧な表現。
□ **Would you like to *do* 〜?**	〜したいですか；〜しませんか	Would you like 〜? は p.228 を参照。
□ **have to *do***	〜しなければならない	義務や必要性を表す。
□ **don't have to *do***	〜する必要はない	主語が三人称単数なら doesn't、過去のことなら didn't を使う。
□ **need to *do***	〜する必要がある	have to *do* と意味が近い。過去の needed to *do* は「〜する必要があった」の意味。
□ **ask 〜 to *do***	〜に…するように頼む	「〜」の部分の代名詞は目的格（「〜を」の形）に。
□ **want 〜 to *do***	〜に…してもらいたい	would like 〜 to *do* の方が丁寧。Do you want me to *do* 〜? で申し出の意味合いに。
□ **tell 〜 to *do***	〜に…するように言う	命令に近い。tell の代わりに order も可。
□ **how to *do***	〜のしかた；どのように〜するか	〈動詞（+ 目的語）+ 疑問詞 + to 不定詞〉の形で使う。
□ **what to *do***	何を〜したらよいか	what to bring だと what が bring の目的語にあたる。
□ **where to *do***	どこで［に］〜したらよいか	when to *do*（いつ〜したらよいか）、which + 名詞 + to *do*（どの［どちらの］…を〜したらよいか）なども。

> **会話の カギ** want to *do* や have to *do*、what to *do* など、to 不定詞の形の熟語です。常用表現ばかりなので、すぐに口をついて出るように練習しておきましょう。

▼ 英会話フレーズ

- **I wanted to** meet her, but I couldn't.
  彼女に会いたかったのですが、会えませんでした。

- **I'd like to** reserve a table for tonight.
  今夜のテーブルを予約したいのですが。

- **Would you like to** come with us?
  私たちと一緒に来ませんか。

- **I have to** check the weather forecast.
  天気予報をチェックしないと。

- You **don't have to** fill in that form.
  その用紙は記入しなくていいですよ。

- **I need to** finish this work by next Monday.
  来週の月曜日までにこの仕事を終える必要があります。

- I **asked** him **to** send me the document by e-mail.
  私は彼にその資料をメールで送るように頼んだ。

- Do you **want** me **to** get something for dinner?
  夕食に何か買ってきましょうか。

- I was **told to** come here after lunch.
  昼食後、ここに来るように言われました。

- Do you know **how to** use this dishwasher?
  この食洗機の使い方がわかりますか。

- Could you tell me **what to** bring on that day?
  当日に何を持参すべきか教えていただけますか。

- I don't know **where to** buy a ticket.
  どこで切符を買えばいいかわかりません。

第6章 熟語・会話表現

5 基本表現 17語

CD-2 | 43

		▼ 使いこなすヒント
☐ ~ year(s) old	～歳	「生後6か月」なら six months old。人の年齢については year(s) old は省略可。
☐ a few	2～3の；少数の	後に可算名詞の複数形を伴い、形容詞的に使う。
☐ a little	少しの；（副詞的に）少し	後に不可算名詞を伴う。副詞的に使う場合の例：know a little about it（それについて少し知っている）
☐ a lot	たくさん；（副詞的に）たいへん；非常に；とても	learn a lot で「多くを学ぶ」の意味。
☐ a lot of	たくさんの	後には可算名詞も不可算名詞もくる。会話では lots of をよく使う。
☐ a piece of	1つ［枚・切れ・個］の	紙切れやケーキなどを数えるときに使う。
☐ ~ and so on	～など	A, B, C, (D, ...,) and so on のように使う。
☐ as ~ as ...	…と同じくらい～	否定文は not as ~ as ...（…ほど～ない）。
☐ as ~ as S can	Sができるだけ～	過去のことなら could となる。as ~ as possible とも言える。
☐ more than	～より多い	over と同意で、than の後の数字は含まない。
☐ most of	～のほとんど；大半の～	most of the people（その人々のほとんど）と most people（ほとんどの人）の違いに注意。
☐ not ~ at all	まったく～ない	通常の否定文に at all を加えて強調するイメージ。

> 会話の
> カギ
> ～ year(s) old や as ～ as、most of などの基本表現をまとめて紹介します。どの表現も使い方を知っておくことが大切です。例文で練習しておきましょう。

▼ 英会話フレーズ

- **My daughter is two years old.**
  娘は2歳です。

- **I saw Mika at the station a few days ago.**
  数日前に駅でミカを見かけました。

- **Put a little sugar in it.**
  砂糖を少し入れてください。

- **We laughed a lot.**
  私たちは大いに笑った。

- **There are a lot of restaurants around the station.**
  駅の周りにはレストランがたくさんあります。

- **I wrote a shopping list on a piece of paper.**
  私は1枚の紙切れに買い物リストを書きました。

- **We went to Asakusa, Ginza, Odaiba, and so on.**
  私たちは浅草や銀座、お台場などに行きました。

- **I can't speak English as well as Shin.**
  私はシンほどうまく英語を話せません。

- **I'll call you as soon as I can.**
  できるだけ早くお電話します。

- **The answer should be more than three words.**
  答えは4語以上でなければなりません。

- **Most of the staff are English speakers.**
  スタッフのほとんどが英語話者です。

- **I couldn't understand his English at all.**
  彼の英語はまったく理解できませんでした。

第6章 熟語・会話表現

▼ 使いこなすヒント

☐ **so ~ that ...**	とても~なので…	that 節内には can [could] を使うことが多い。
☐ **too ~ to ...**	とても~なので…できない；…するにはあまりにも~すぎる	〈so ~ that S can ...〉の文に置き換え可。
☐ **some ~ (, and) others ...**	~もあれば…もある	1文内で使うこともあれば、文をまたぐこともある。
☐ **There is**	~がある [いる]	be 動詞は後の名詞(=主語)の数や人称、時制で決まる。
☐ **very much**	とても	like や enjoy、thank などいろいろな動詞を修飾する。

I like traveling very much.

▼ 英会話フレーズ

- **It was so windy that we couldn't go out.**
  とても風が強くて外出できませんでした。

- **I was too tired to walk any more.**
  疲れすぎてそれ以上歩けませんでした。

- **Some people like to shop online, and others prefer to buy things in person.**
  ネットで買い物をするのが好きな人もいれば、店で直接買うほうが好きな人もいる。

- **There are a lot of different ways to learn a foreign language.**
  外国語を学ぶ方法はいろいろある。

- **I like traveling very much.**
  私は旅行が大好きです。

6 会話表現① たずねる 23語

CD-2 | 44

		▼ 使いこなすヒント
□ Can I ~?	~してもよいですか	相手に許可を求める最も一般的な言い方。
□ Can you ~?	~してもらえますか	通常、親しい間柄に使う依頼表現。Will [Would] you ~?という表現もある。
□ Could you ~?	~していただけませんか	Can you ~?よりも丁寧だが、家族や友達など親しい間柄でも日常的に使う。
□ Shall I ~?	~しましょうか	相手に申し出る表現。
□ Shall we ~?	~しませんか	相手を誘ったり、相手に何かを提案したりする表現。
□ May I ~?	~してもよいですか	Can I ~?よりも丁寧。かしこまった場面でなければCan I ~?でよい。
□ May I help you?	(店員が)いらっしゃいませ。；何かご用ですか。	Can I help you?とも言う。この May [Can] I ~?は「~しましょうか」という申し出。
□ May I speak to ~?	(電話で)~さんをお願いします	電話での決まり文句。
□ How about ~?	~はどうですか	相手に提案したり、相手を誘ったりする表現。
□ How about you?	あなたはどうですか。	相手に意見をたずねる表現。
□ How long ~?	~はどのくらい（の長さ）ですか	期間や物の長さをたずねる。
□ How many ~?	いくつ [何人]の~	後に可算名詞の複数形を続けて物や人の数をたずねる。

> **会話のカギ** 「たずねる」には、申し出・勧誘・依頼などのほか、時刻や異変をたずねたりするものがあります。いずれも慣用表現なので、簡単な例文をそのまま覚えるのがベストです。

▼ 英会話フレーズ

- **Can I** use this pen? — Sure.
  このペンを使ってもいい？—もちろん。

- **Can you** get an egg from the fridge? — OK.
  冷蔵庫から卵を1個取ってくれる？—いいよ。

- **Could you** fix it? — Sorry, but we can't.
  それを修理していただけませんか。—すみませんが、できないんです。

- **Shall I** help you? — That's very kind of you.
  手伝いましょうか。—ご親切にありがとう。

- **Shall we** meet at one in the lobby? — OK. See you then.
  1時にロビーで待ち合わせしましょう。—わかった。じゃあね。

- **May I** ask you a question? — Go ahead.
  質問があるのですが。—どうぞ。

- **May I help you?** — I'm just looking, thanks.
  お手伝いしましょうか。—見ているだけです、ありがとう。

- **May I speak to** Ms. Hudson, please? — I'm afraid she's out now.
  ハドソンさんをお願いできますか。—あいにく今外出中です。

- Can we meet next week? — Sure. **How about** Tuesday afternoon?
  来週、会える？—いいよ。火曜の午後はどう？

- We're going out for lunch. **How about you?** — I'll join you.
  ランチを食べに行くところだけど、君は？—一緒に行くわ。

- **How long** are you going to stay? — For ten days.
  どのくらい滞在するのですか。—10日間です。

- **How many** glasses do we need? — I think five is enough.
  グラスはいくつ必要かな。—5つで十分だと思うわ。

			▼ 使いこなすヒント
☐	**How much ~?**	どのくらいの（量の）～； ～（の値段）はいくらですか	後に不可算名詞を続けて物の量をたずねたり、物の値段をたずねたりする。
☐	**How often ~?**	どのくらいの（頻度）で～	回数をたずねる How many times ~?と区別する。
☐	**What kind of ~?**	何の種類の～	kind は「種類」という名詞。
☐	**What time is it?**	何時ですか。	now は特になくてよい。
☐	**What's the matter?**	どうしたのですか。	matter は「問題（点）」という名詞。
☐	**What's wrong?**	どうしたのですか。	この wrong は「具合の悪い；故障した」などの意味。
☐	**What's up?**	何かあった？； どうしたの？	何かの異変に対して使ったり、くだけたあいさつとして使ったりする。
☐	**Why don't we ~?**	～しませんか	相手を誘う表現。
☐	**Why don't you ~?**	～してはどうですか	相手に提案する表現。with me [us] をつけると誘う表現にもなる。
☐	**Would you like ~?**	～はいかがですか	like の後に名詞を続けて、物を勧める表現。
☐	**Why not?**	どうして（だめなの）ですか。	否定文に対して理由をたずねるときは not を使う。

▼ 英会話フレーズ

- **How much** will it cost? — About 100 dollars.
  それはいくらかかりますか。—100ドルほどです。

- **How often** do you go to that café? — Almost every day.
  そのカフェにはどのくらいの頻度で行くのですか。—ほぼ毎日です。

- **What kind of** movies do you like? — I like love stories.
  どんな映画が好きですか。—恋愛ものが好きです。

- **What time is it?** — It's four thirty.
  今何時ですか。—4時半です。

- **What's the matter?** — I can't find the key.
  どうしたの？—鍵が見つからないの。

- **What's wrong?** — The printer doesn't work.
  どうしたのですか。—プリンターが動かないのです。

- Helen, **what's up?** — Nothing.
  ヘレン、どうしたの？—何でもないわ。

- **Why don't we** eat sushi? — Sounds nice.
  お寿司を食べませんか。—いいですね。

- **Why don't you** ask David for help? — Well, I'll think about it.
  デイビッドに助けを求めたらどうですか。—うーん、考えてみます。

- **Would you like** something to drink? — Yes, please.
  何か飲み物はいかがですか。—お願いします。

- I can't go to the party. — **Why not?**
  パーティーに行けないんだ。—どうして？

7 会話表現② 相づち・応答 12語

	CD-2 45	▼ 使いこなすヒント
☐ **I see.**	なるほど。；わかりました。	文脈によっていろいろなニュアンスに。この see は「わかる」という意味。
☐ **Let's see.**	ええと。	すぐに答えられないときに便利な表現。文字通り「どれ（見てみようか）」の意味も。
☐ **Just a minute.**	少しお待ちください。	この minute は「少しの間」。Just a second. や Wait a minute [second]. とも。
☐ **No problem.**	いいですよ。；大丈夫です。；どういたしまして。	相手の申し出、依頼、許可に応じるときや、お礼、謝罪に対する応答に使う。
☐ **Of course.**	いいですよ。；もちろん。	Sure. と同様、「もちろん、いいですよ」という肯定的な応答。
☐ **All right.**	わかりました。	Sure. や Of course. ほどポジティブな返事ではないイメージ。
☐ **Oh, no!**	しまった！；あらま！	自分、相手、または状況などにおいて、よくない内容に使う。
☐ **Really?**	ほんとう？	相手の言ったことを疑ったり驚いたりしたときに。上げ調子でも下げ調子でも言える。
☐ **That's right.**	その通りです。	相手の意見が正しいと思ったときは、You're right. とも言える。
☐ **That's too bad.**	お気の毒に。；残念ですね。	良くないことを話す相手に同情を表す。
☐ **Here you are.**	はい、どうぞ。	物を手渡して言う表現。物に焦点を当てるときは Here it is. と言う。
☐ **Pardon?**	何とおっしゃいましたか。	他に Sorry? や Excuse me? など。What?（何だって？）はくだけた表現なので注意。

> **会話のカギ** 相づちや応答の表現は会話をスムーズに運ぶ潤滑油となります。それぞれの表現のニュアンスと使い方を知っておきましょう。

▼ 英会話フレーズ

- I don't need dessert because I'm on a diet. — **Oh, I see.**
  ダイエット中だからデザートはやめておく。―ああ、そうなんだ。

- How many people are coming to the party? — **Let's see** … five adults and two children.
  何人の人がパーティーに来ますか。―ええと、大人5人と子供2人です。

- Are you ready to leave? — **Just a minute.** I'll get the laundry in.
  出かける準備はできた？―ちょっと待って。洗濯物を取り込んでおくよ。

- Sorry I'm late. — **No problem.** I just got here, too.
  遅れてゴメン。―大丈夫。僕も着いたところだから。

- Can I use the phone? — **Of course.**
  電話を借りてもいいですか。―いいですよ。

- We should finish this before lunch. — **All right.**
  昼食前にこれを終わらせたほうがいいわね。―わかったよ。

- It's raining. — **Oh, no!** I didn't bring an umbrella.
  雨が降ってるよ。―しまった！ 傘を持ってこなかったよ。

- I've decided to quit my job. — **Really?**
  仕事を辞めることにしたの。―ほんとに？

- Is the next meeting Friday? — **That's right.**
  次の会議は金曜日ですか。―その通りです。

- My back has been hurting recently. — **That's too bad.**
  最近、背中が痛いの。―それはお気の毒に。

- May I see your passport, please? — **Here you are.**
  パスポートを見せていただけますか。―はい、どうぞ。

- How long are you here for? — **Pardon?**
  どのくらいここにいるのですか。―何とおっしゃいましたか。

8 会話表現③ あいさつ 12語

	CD-2 46		▼ 使いこなすヒント
☐	**How are you?**	元気？	久しぶりに会った人には How have you been? など。
☐	**Hi.**	やあ。；こんにちは。	Hello. のくだけた表現で、親しい間柄で一日中使えるあいさつ。
☐	**Good morning.**	おはようございます。	朝のあいさつ。人間関係や場面にかかわらず日常的に使う。
☐	**Good afternoon.**	こんにちは。	公共の場など、比較的改まった日中のあいさつ。親しい間柄では Hi. がふつう。
☐	**Nice to meet you.**	はじめまして。	初対面の定番。別れ際は Nice meeting you.、2回目に会ったときは Nice to see you again. など。
☐	**Welcome to ~.**	～へようこそ。	I'm home.(ただいま)、Welcome home.(お帰り) もあわせて覚えよう。
☐	**Excuse me.**	すみませんが。	見知らぬ人に話しかけるときに使う。
☐	**Take care.**	お元気で。；じゃあね。	文字通り、相手の体調を気遣う「お元気で」の意味と、別れ際の「じゃあね」の意味がある。
☐	**Thank you.**	ありがとう。	お礼の定番。Thank you very [so] much. や Thanks (a lot). などバリエーションがある。
☐	**No, thank you.**	いえ、結構です。	相手の好意に対していきなり No と言うと直接的なので、例文のようにお礼の気持ちで始めるとよい。
☐	**You're welcome.**	どういたしまして。	お礼に応じるとき。定番表現だが、実際は (It's) My pleasure. や No problem. などいろいろある。
☐	**I'm sorry.**	ごめんなさい。	I'm sorry, but ～で「申し訳ないのですが～」の意味。

会話の カギ 最後にあいさつの表現をまとめて紹介します。簡単なものばかりですが、会話で自然に使えるように、もう一度、例文を利用しておさらいをしておきましょう。

▼ 英会話フレーズ

- **How are you?** — Fine. Yourself?
  元気？—元気よ。あなたは？

- **Hi**, John. How are you doing?
  やあ、ジョン。元気？

- **Good morning**! Such a lovely day.
  おはよう！　今日は天気がいいね。

- **Good afternoon**, everyone. Welcome to our museum.
  みなさん、こんにちは。当博物館にようこそお越しくださいました。

- Hi. I'm Lisa, Jim's sister. — Hi, Lisa. I'm Jun. **Nice to meet you.**
  こんにちは。ジムの妹のリサです。—やあ、リサ。ジュンです。初めまして。

- **Welcome to** Japan!
  日本へようこそ！

- **Excuse me.** Is there a post office near here?
  すみません。この近くに郵便局はありますか。

- See you on Monday. — **Take care.**
  月曜日に会いましょう。—じゃあね。

- **Thank you** very much. — My pleasure.
  どうもありがとう。—どういたしまして。

- Would you like a cup of coffee? — Thanks, but **no thank you.**
  コーヒーはいかが？—ありがとう、でも結構です。

- Thank you for your advice. — **You're welcome.**
  アドバイスをありがとう。—どういたしまして。

- Don't leave the door open. — Oh, **I'm sorry.**
  ドアを開けっ放しにしないでください。—あら、ごめんなさい。

INDEX
単語索引

本書の見出し語をアルファベット順に並べた索引です。覚えたかどうかの確認や知識の整理にお役立てください。

– A –

a few ································ 222
a little ······························ 222
a lot ································· 222
a lot of ····························· 222
a piece of ························· 222
a.m. ·································· 96
about ······························· 180
abroad ······························· 92
across ······························ 180
action ······························ 140
actor ································ 124
actress ····························· 124
actually ···························· 108
add ··································· 24
after ··························· 180, 192
after a while ····················· 216
afternoon ·························· 148
again ································· 94
against ····························· 180
age ·································· 148
ago ··································· 94
agree ································ 34
agree with ························ 208
air ···································· 164
airport ······························ 160
all ·························· 80, 100, 196
all day ······························ 218
all right ····························· 218
All right. ···························· 230

all year round ···················· 218
almost ······························ 102
alone ······························· 100
along ······························· 180
already ······························ 96
also ································· 102
always ······························· 94
among ······························ 180
and ·································· 190
〜 and so on ····················· 222
animal ······························ 168
another ····························· 82
answer ························ 40, 142
any ··································· 82
anything ···························· 196
apple ······························· 132
architect ···························· 124
arm ································· 127
around ························ 92, 180
arrive ································ 30
artist ································ 124
as ······························· 182, 192
as 〜 as ... ·························· 222
as 〜 as S can ···················· 222
ask ··································· 40
ask 〜 to do ······················ 220
at ··································· 182
at first ······························ 216
at home ··························· 216
at night ···························· 216

athlete	124
attention	144
aunt	118
away	92

– B –

baby	122
back	92
bad	68
bag	162
bake	36
banana	132
baseball	150
basketball	154
bath	116
be	16
be able to	214
be afraid of	214
be born	214
be different from	214
be famous for	214
be good at	214
be interested in	214
be proud of	214
be ready for	214
be worried about	214
beach	157
bear	168
beautiful	70
because	192
because of	216
become	44
bed	116
beef	130
before	96, 182, 192
begin	44
believe	34
below	90

best	68, 106
better	68, 106
between	182
between A and B	216
big	64
bike	160
bird	169
birthday	146
blossom	164
boat	160
body	126
bomb	172
book	134
bookstore	161
borrow	26
bottle	163
bowl	163
box	163
boy	122
bread	132
break	28
breakfast	130
brother	118
build	46
building	161
burn	28
bus	158
busy	74
but	190
buy	26
by	182
by the way	216
bye	202

– C –

cafeteria	136
cake	133
call	40

call ~ back	208
camera	162
can	198
Can I ~ ?	226
Can you ~ ?	226
cap	128
car	160
care	142
careful	62
carpenter	125
carrot	132
carry	22
castle	156
cat	168
catch	22
century	148
cereal	133
chair	114
change	44
character	152
cheap	74
check	50
cheer	42
cheer ~ up	208
cheese	132
cherry	164
chest	127
chiken	132
child	122
children	122
Chinese	145
chocolate	133
choose	24
city	161
class	134
classmate	120
classroom	136
clean	36, 70
clerk	124
clock	116
close	24
clothes	128
cloud	167
cloudy	78
club	134
coach	122
coat	128
coffee	130
cold	78
collect	48
colorful	70
come	30
come back	208
come true	208
comic	152
communication	144
company	138
computer	162
concert	154
continue	44
convenience store	161
convenient	74
cook	36, 125
cookie	133
cool	60
corner	158
could	198
Could you ~ ?	226
country	160
cousin	118
cow	168
crane	169
cry	42
culture	172

cup	162
curry	133
cut	28
cute	60

– D –

dad	116
dance	38
dangerous	70
dark	78
date	146
daughter	118
day	148
dear	62
decide	34
deep	68
dentist	125
department store	161
design	46, 140
desk	114
dictionary	136
die	26
difference	170
different	70
difficult	72
dinner	132
disappear	28
dish	163
do	18
doctor	122
dog	168
dollar	138
don't have to do	220
door	114
down	90
draw	38
dream	172
drink	36, 130
drive	30
drum	155
during	184

– E –

e-mail	144
each	82, 196
each other	218
early	98
earth	166
earthquake	164
easily	100
easy	72
eat	36
effective	76
egg	130
elephant	169
else	102
end	44, 170
energy	172
engineer	124
English	76
enjoy	38
enough	80
environment	166
eraser	136
especially	106
even	106
evening	148
event	138
ever	96
every	82
every day	218
everyone	196
exam	134
example	140
Excuse me.	232
expensive	74

experience	140
explain	40
eye	126

– F –

face	126
fall	148
family	116
famous	60
fan	120
far	92
far away	218
farmer	125
fast	100
father	118
favorite	56
feel	32
festival	152
few	82
finally	98
find	22
find out	208
fine	60
finger	127
finish	44
fire	170
firework	152
first	102
fish	132
floor	114
flower	167
fly	30
follow	48
food	132
for	184
for a long time	216
for example	216
for the first time	216

foreign	76
forest	167
forget	26
forward	92
free	56
French fries	133
fridge	163
friend	120
friendly	60
frog	169
from	184
front	170
fruit	130
fun	150
funny	62
future	148

– G –

game	152
garden	164
get	20
get home	208
get off	208
get on	208
get up	208
gift	145
girl	122
give	20
give up	208
glad	9, 56
global warming	166
go	30
go away	208
go home	210
go out	210
go shopping	210
go to bed	210
good	68

Good afternoon.	232	hey	202
Good morning.	232	Hi.	232
goodbye	142	high	68
grade	134	hill	166
grandfather	118	hit	28, 155
grandma	116	hold	22
grandmother	118	holiday	146
grandparent	118	home	92, 114
graph	140	homework	134
grass	167	hope	34
great	72	horse	168
greeting	144	hospital	161
ground	166	hot	78
group	120	hot spring	157
grow	44	hotel	156
guess	34	hour	146
guitar	155	house	114
gym	136	housework	114
		how	104

– H –

hair	126	How about ~ ?	226
hamburger	133	How about you?	226
hand	127	How are you?	232
happen	44	How long ~ ?	226
happy	56	How many ~ ?	226
hard	72, 100	How much ~ ?	228
hat	128	How often ~ ?	228
have	18	how to do	220
have a good time	210	however	108
have to do	220	hurt	28

– I –

head	126	I see.	230
headache	126	I'm afraid (that) ~ .	214
hear	32	I'm glad (that) ~ .	214
hear of	210	I'm sorry.	232
help	22, 140	ice cream	133
help ~ with ...	210	idea	140
here	90	if	192
Here you are.	230		

239

important	74
impress	34
in	184
in front of	216
in the afternoon	216
in the future	218
in the morning	218
information	144
inside	90
international	76
Internet	144
into	184
introduce	42
invite	42
island	156
it	194

– J –

Japanese	76
job	138
join	48
journalist	124
joy	150
juice	132
jump	24
junior	62
just	106
Just a minute.	230

– K –

keep	24
keep ~ ing	210
kill	28
kind	60, 170
kitchen	116
know	50
koala	168
Korean	145

– L –

lady	122
lake	166
land	166
language	144
large	64
last	66
late	66
later	98
lawyer	124
leader	122
learn	50
leave	30
leg	127
lend	26
Let's see.	230
letter	144
library	134
life	116
light	70, 163
like	32, 84
line	158
lion	168
listen	32
listen to	210
little	64, 100
live	26
local	76
long	64
look	32
look at	210
look for	210
look forward to	210
look like	210
lose	26
love	32, 142
low	64

lucky ... 74
lunch ... 130

– M –

machine ... 138
make ... 19
man ... 122
manager ... 124
many ... 80
market ... 161
match ... 150
may ... 198
May I ～ ? ... 226
May I help you? ... 226
May I speak to ～ ? ... 226
meal ... 132
mean ... 34
meaning ... 170
meat ... 132
medicine ... 126
medium ... 70
meet ... 42
member ... 120
message ... 142
meter ... 170
might ... 198
milk ... 130
mind ... 172
minute ... 146
mirror ... 163
mistake ... 140
mom ... 118
money ... 138
monkey ... 168
more ... 80, 106
more than ... 222
morning ... 148
most ... 106, 196

most of ... 222
mother ... 118
mountain ... 164
mouse ... 169
mouth ... 126
move ... 30
movie ... 154
Mr. ... 120
Mrs. ... 120
Ms. ... 122
Mt. ... 164
much ... 80, 100
museum ... 156
musician ... 125
must ... 198

– N –

name ... 142
native ... 76
nature ... 164
near ... 186
necessary ... 74
neck ... 127
need ... 48
need to do ... 220
nervous ... 76
never ... 94
new ... 66
news ... 140
next ... 66, 98
next to ... 218
nice ... 56
Nice to meet you. ... 232
night ... 148
no ... 82, 104
No problem. ... 230
No, thank you. ... 232
noodle ... 133

noon	148
north	160
nose	126
not	104
not ~ at all	222
notebook	136
nothing	196
now	94, 146
number	140
nurse	125

– O –

o'clock	146
of	186
Of course.	230
off	92
office	138
officer	124
often	94
oh	202
Oh, no!	230
OK	202
old	66
on	186
once	94
one	82, 196
one day	218
only	102
open	24
or	190
orange	132
other	82, 196
out	90
out of	218
outside	90
over	92, 186
over there	218
own	62

– P –

p.m.	96
page	134
paint	38
panda	168
paper	138
Pardon?	230
parent	116
park	161
part	170
party	150
pass	22
peace	172
pen	136
pencil	136
people	120
perfect	72
perform	38
performance	154
person	120
pet	168
phone	162
piano	154
pick	22
picture	163
pie	133
piece	170
pizza	133
place	160
plan	138
plane	160
plant	167
play	38
player	154
please	108
point	22
police	124

pond	166
poor	62
popular	60
post office	161
postcard	145
power	116
practice	50
present	142
president	122
pretty	60
problem	140
produce	46
professional	76
program	152
promise	42
put	22
put on	212

– Q –

question	142
quickly	98
quiet	70

– R –

rain	36
rainy	78
read	50
ready	74
really	106
Really?	230
reason	144
receive	42
recycle	48
reduce	48
refuse	28
remember	26
remove	48
restaurant	161
reuse	46

rice	132
ride	30
right	72, 172
rise	44
river	166
road	161
rock	164
roof	114
room	114
ruler	136
run	38

– S –

salad	130
salt	130
sandwich	133
save	22
say	40
school	134
scientist	122
scissors	136
sea	166
seal	169
seat	116
second	102
see	32
sell	26
send	42
shall	200
Shall I ～ ?	226
Shall we ～ ?	226
share	48
shoe	128
shop	161
shopping	152
short	64
should	200
shoulder	126

243

shout	40
show	40
show ～ around	212
shrine	156
sick	60
sightseeing	156
since	186, 192
sing	38
singer	125
sister	118
sit	24
sit down	212
size	128
ski	38
skiing	150
skin	126
sky	167
sleep	36
sleepy	74
slowly	100
small	64
smell	32
smile	42, 142
snack	133
snake	169
snow	36, 167
snowy	78
so	102, 190
so ～ that ...	224
soccer	150
soft	70
softball	154
some	82, 196
some ～ (, and) others ...	224
someone	196
something	196
sometimes	94

son	118
song	155
soon	98
sound	32, 155
soup	133
south	160
space	166
spaghetti	133
speak	40
special	70
speech	138
spend	36
sport	150
spring	148
stadium	161
stand	24
stand up	212
stapler	136
star	166
start	44
station	158
stay	24, 156
steak	133
still	96
stomach	127
stop	44, 158
store	161
story	152
straight	92
strange	70
street	161
strong	68
student	122
study	50
subway	160
such	84
summer	148

sun	166
sunny	78
supermarket	161
support	48
sure	56, 104
sweater	128
swim	38

– T –

T-shirt	128
table	114
table tennis	154
take	21
take a bath	212
take a picture	212
Take care.	232
take care of	212
talk	40
talk with	212
tall	64
taste	32
tea	132
teach	50
teacher	125
team	150
tell	40
tell ~ to do	220
temperature	167
temple	157
tennis	154
textbook	134
than	192
thank	40
Thank you.	232
thanks	142
that	84, 192, 194
That's right.	230
That's too bad.	230
then	94
there	90
There is	224
these	84, 194
these days	218
thing	170
think	34
think of	212
third	102
this	84, 194
those	84, 194
through	186
ticket	158
tiger	168
time	146
tired	74
to	188
toast	133
today	96
together	100
tomato	132
tomorrow	96
tonight	96
too	106
too ~ to ...	224
tour	156
town	161
traditional	66
train	158
travel	30
tray	163
treasure	172
tree	167
trip	156
true	72
try	24
try ~ on	212

245

turn	30
turn off	212
TV	162

– U –

umbrella	162
uncle	118
under	188
understand	34
uniform	128
university	134
until	188
up	90
use	46
useful	74
usually	94

– V –

vacation	150
vegetable	130
very	106
very much	224
vet	125
view	164
village	161
visit	30, 156
visitor	120
volleyball	154
volunteer	120

– W –

wait	24
walk	38
want	34
want ～ to do	220
want to do	220
war	172
warm	78
wash	36
waste	172

watch	32, 162
water	132
way	170
weak	68
wear	36
weather	164
week	148
weekend	146
Welcome to ～ .	232
well	104, 202
what	84
What kind of ～ ?	228
What time is it?	228
what to do	220
What's the matter?	228
What's up?	228
What's wrong?	228
when	104, 192
where	104
where to do	220
which	84, 194
while	146, 192
who	194
whose	84
why	104
Why don't we ～ ?	228
Why don't you ～ ?	228
Why not?	228
wife	118
will	200
win	26
wind	167
window	114
winter	148
wish	142
with	188
without	188

woman	122
wonderful	56
word	145
work	46, 138
world	160
worry	34
would	200
would like to do	220
Would you like ～ ?	228
Would you like to do ～ ?	220
wow	202
wrap	22
write	50
wrong	72

– Y –

year	146
～ year(s) old	222
yes	104
yesterday	96
yet	96
yogurt	133
You're welcome.	232
young	60

– Z –

zoo	157

●著者紹介

成重　寿　Hisashi Narishige
三重県出身。英語教育出版社、海外勤務の経験を生かして、TOEICを中心に幅広く執筆・編集活動を行っている。著書は『TOEIC® TEST英単語スピードマスター』、『TOEIC® TESTリーディングスピードマスター Ver.2』、共著に『英単語フレーズ大特訓』、『TOEIC® TEST英熟語スピードマスター』、『はじめて受けるTOEIC® TEST総合スピードマスター』（以上、Jリサーチ出版）など。

入江　泉　Izumi Irie
大阪出身。1997年に小中学参業界に入り、学校英語、英検、TOEICなどの教材執筆・編集・校正者として活躍。2007年にニュージーランドへ移住、2012年に帰国。著書に、『English脳で覚える英単語ハンドブック』（スリーエーネットワーク）、『スパイラル英語トレーニング』（The Japan Times）、『魔法の英会話フレーズ500』、『英単語フレーズ大特訓』（以上、共著・Jリサーチ出版）など。

カバーデザイン	花本浩一（KIRIN-KAN）
本文デザイン／DTP	江口うり子（アレピエ）
イラスト	いとう瞳
英文校閲	Joel Rian
CD録音・編集	㈶英語教育協議会（ELEC）
CD制作	高速録音株式会社

大切なことはすべて中学英語が教えてくれる
英単語編

平成25年（2013年）5月10日　初版第1刷発行
平成25年（2013年）6月10日　　　第2刷発行

著　者	成重　寿／入江　泉
発行人	福田富与
発行所	有限会社　Jリサーチ出版
	〒166-0002　東京都杉並区高円寺北2-29-14-705
	電話 03(6808)8801（代）　FAX 03(5364)5310
	編集部 03(6808)8806
	http://www.jresearch.co.jp
印刷所	㈱シナノ パブリッシング プレス

ISBN978-4-86392-140-5　禁無断転載。なお、乱丁・落丁はお取り替えいたします。
©2013 Hisashi Narishige, Izumi Irie, All rights reserved.